Business - Sprachführer

Japanisch

von

Yukari Wollboldt-Komazaki

PONS

Ernst Klett Verlag
Stuttgart · Düsseldorf · Leipzig

Business - Sprachführer

Japanisch

von
Yukari Wollboldt-Komazaki, M.A.

Die Deutsche Bibliothek - CIP-Einheitsaufnahme

Ein Titeldatensatz dieser Publikation ist bei der Deutschen Bibliothek erhältlich

1. Auflage 2001

Internet: www.pons.de
e-mail: info@pons.de

Redaktion:
Barbara Pflüger und Regina Reinboth-Kämpf
Umschlaggestaltung: Ira Häußler, Stuttgart
Logoentwurf: Erwin Poell, Heidelberg
Satz: Fotosatz Kaufmann, Stuttgart
Druck: Druckhaus Münster, Kornwestheim
Printed in Germany

ISBN 3-12-517039-7

Inhaltsverzeichnis

Vorwort

Schon heute zählen Geschäftsreisen ins Ausland zum Alltag für Führungskräfte, Techniker, Vertriebsleute ... Und diese Entwicklung wird sich im Zeichen der Globalisierung weiter verstärken.

Geschäftsleute machen die Erfahrung, dass ihre Kontakte mit den ausländischen Partnern in den seltensten Fällen nur an Sprachschwierigkeiten scheitern. Es sind vielmehr Unterschiede in Kultur und Mentalität, die zu vermeidbaren Schwierigkeiten Anlass geben. Damit Geschäftsbeziehungen erfolgreich verlaufen, ist es ebenso wichtig, Kultur und Mentalität eines Landes zu kennen.

Der *Business-Sprachführer Japanisch* bietet deshalb neben einer großen Auswahl nützlicher Wendungen und einem umfangreichen Vokabular viele praktische Tipps zur Vermeidung von Fettnäpfchen.

Der *Business-Sprachführer Japanisch* ist in 17 Themenbereiche gegliedert. Diese decken alle wichtigen Geschäftsbereiche ab: vom Messe- und Firmenbesuch über Vertragsverhandlungen und Präsentationen bis hin zum Smalltalk mit dem Geschäftspartner. Zusätzlich beinhaltet der *Business-Sprachführer Japanisch* alle Situationen, mit denen man auf einer Auslandsreise sonst noch konfrontiert wird (Hotel, Gastronomie, Einkaufen ...).

Der Business-Sprachführer Japanisch hilft also nicht nur bei der Verständigung, sondern auch dabei, sich im Lande besser zurecht zu finden und die Geschäftsbeziehungen zufriedenstellend zu gestalten.

Aussprache und Schrift

Die Aussprache japanischer Wörter ist ganz einfach, Sie erfordert weder schwer zu bildende Zisch- oder Nasallaute, noch zungenbrecherische Konsonantenhäufungen. Die Worte sind aus klar formulierten Silben zusammengesetzt. Die Silben bestehen entweder aus einem der fünf Vokale a(ā), i(ī), u(ū), e(ē), o(ō) oder aus einem Konsonanten, gefolgt von einem der genannten Vokale. Sie werden folgendermaßen ausgesprochen:

a wie in Ablage

i wie in innen, Rinne

u wie in und, Hund

e wie in essen, gestern

o wie in Ofen, Boot

i (ī) und u (ū) gelten als stimmlose Vokale. Diese etwas paradoxe Bezeichnung tragen sie nicht etwa deshalb, weil sie niemals ausgesprochen werden, sondern weil sie manchmal verschluckt werden, um dadurch das Klangbild eines ganzen Wortes besser zu Gehör zu bringen. In diesem Buch wird dies durch ^{i} und ^{u} (hochgestellt) gekennzeichnet.
Beispiele: Die Hilfsverben masu, desu („machen", „sein") enden mit „u", das jedoch meistens verschluckt wird. Sie werden im nachfolgenden Text als mas^u, des^u geschrieben, und sie werden als mas, des gesprochen.
Wenn Sie aber in Fällen, die Ihnen als zweifelhaft erscheinen, das u oder i aussprechen, also masu und desu sagen, versteht man Sie trotzdem.

Auf den nachfolgenden Seiten werden Sie japanische Sätze finden, die nicht in japanischer, sondern in lateinischer Schrift geschrieben sind. Japaner würden sagen, sie sind in Romaji niedergeschrieben. Für die Umsetzung von japanischen Schriftzeichen in Romaji gibt es verschiedene Systeme. Das hängt damit zusammen, dass das lateinische Alphabet von einem Deutschen anders gesprochen wird als von einem Engländer oder Franzosen, wobei alle Europäer einen in Romaji notierten Satz so aussprechen wollen, dass das den Japanern gewohnte Klangbild dabei herauskommt. Die dabei am weitesten verbreiteten Systeme sind das Hepburn-System (Hebonshiki-romaji) und ein von der japanischen Regierung empfohlenes System für den Schriftverkehr mit dem Ausland, nämlich das Shin-kunreisiki-romazi. Die in diesen Buch verwendeten Umschreibungen folgen dem Hepburn-System, das eigentlich auf englische Sprachgewohnheiten zugeschnitten ist. Haben Sie aber keine Angst, Worte falsch auszu-

sprechen, Sie können die in diesem Buch aufgeführten Sätze so aussprechen, wie es der deutschen Phonetik der Buchstaben entspricht, wenn Sie folgendes beachten:

→ ***Sh*** *wird wie* ***sch*** *ausgesprochen.*

→ *Im Japanischen gibt es nicht nur stimmlose Vokale, sondern auch lange. Sie werden in den Romanji-Sätzen mit den Metazeichen ¯, z. B. ō, ī, wiedergegeben. Sie haben den gleichen Lautwert wie oben angegeben, nur spricht man sie etwas länger oder deutlicher aus.*

Nun erlauben Sie noch einige Sätze über das japanische Schriftsystem. Eigentlich sind es drei verschiedene:

→ *Die chinesischen Schriftzeichen sind vor unvordenklichen Zeiten von den Japanern übernommen worden. Es gibt etwa 80 000 davon, wer 35 000 erkennt und schreiben kann, gilt als gebildeter Mensch. Etwa 3500 sind zum Verständnis des Inhaltes einer Zeitung erforderlich, eine Durchschnittsjapaner versteht aber mehr. Die chinesischen Schriftzeichen werden in Japan Kanji genannt.*

→ *Die Japaner haben auch eine eigene Schrift entwickelt, nämlich eine aus 46 Zeichen für Silben bestehende Schrift, die sie Hiragana nennen. Jedes Kanji kann auch durch eine Sequenz von Hiragana-Zeichen ausgedrückt werden.*

→ *Fremdwörter schreiben die Japaner mit einer eigens dafür reservierten Schrift, die sie Katakana nennen. Sie ist wie Hiragana eine Silbenschrift. Jedes Hiragana-Zeichen entspricht einem Katakana-Zeichen (siehe hintere innere Umschlagseite)*

Ratschläge für Reisende

Andere Länder ...

Im Allgemeinen begegnen Japaner ausländischen Besuchern freundlich und hilfsbereit. Möchte ein Besucher geschäftliche Beziehungen mit Japanern aufbauen, tut er jedoch gut daran, sich auf ihre Kultur, Mentalität und Philosophie einzustellen, damit bereits errungene Sympathie nicht in Ablehnung umschlägt.

Namen

In Japan spricht man sich üblicherweise mit dem Nachnamen an, dem die Nachsilbe -san angehängt wird. Falls Ihr Gesprächspartner Yoshio Yamada heißt, so reden Sie ihn mit Yamada-san an, Ihre Gesprächspartnerin Keiko Yamada reden Sie ebenfalls mit Yamada-san an.

Sprechen Sie aber nicht von sich selbst als Müller-san. Das Suffix -san ist eine Ehrenbezeichnung, die sich niemand selbst zubilligen sollte.

Es gilt als unhöflich, jemanden aus der eigenen Gruppe im Gespräch mit einem Außenstehenden zu erhöhen.
Wenn Sie beispielsweise telefonieren und einen Fremden fragen, ob Mori-san da ist, so wird er erwidern: „Es tut mir Leid, Mori ist nicht an seinem Platz." Nach der Rückkehr des Herrn Mori wird er zu ihm sagen „Mori-san, es hat jemand für Sie angerufen." Herr Mori ist somit zum Außenstehenden geworden.

Guten Tag, Herr Mori.
Konnichi wa. Mori-san.

Ich heiße Ueda von der Firma Sanyoo.
Watashi wa Sanyō-sha no Ueda to mōshi mas^u^.

Vornamen, die mit -o oder -rō enden, sind häufig männliche Namen. Dagegen enden viele weibliche Namen mit -ko. Meist werden japanische Namen mit Kanji (= chinesische Schriftzeichen) geschrieben, d. h. jeder Name hat eine Bedeutung. So heißt z. B. die Frau des Tennō (Kaiser) Michiko (Mi = Schönheit + Chi = Weisheit).

Titel und Berufsbezeichnungen

▸▸ 2 *Sich und andere vorstellen*

▸▸ 10 *Typische Titel in Unternehmen*

Anstelle des Namens verwenden Japaner häufig den Titel ihres Gegenübers, um ihren Respekt vor seinem Status zu bekunden (z. B. Herr Präsident – shachō-san). An Lehrer (von der Kindergärtnerin bis zum Professor), an Ärzte, Rechtsanwälte und Richter wendet man sich mit dem Titel sensei („Lehrer"; wörtlich: „früher geboren").

Körper- und Blickkontakt

—●●▸ *Lächeln: Den Japanern sagt man ein unergründliches Grinsen nach, das „japanisches Lächeln" genannt wird, und das auch „aufgesetzt" wird, wenn eine Situation überhaupt nicht komisch ist. Dieses verbirgt häufig Schmerz und Verlegenheit oder will dem anderen Mitleid ersparen.*

—●●▸ *Blickkontakt: In Japan ist es nicht üblich, die Augen seines Gegenübers zu fixieren und Blickkontakt zu halten. Besonders Vorgesetzten gegenüber sollte man die Augen senken, um nicht trotzig oder provokativ zu wirken. Verstohlene Blicke eines Japaners sind als Respekt zu deuten.*

Gestik

—●●▸ *Um jemanden heranzuwinken, bewegen Sie die Hand nach unten. Man weist mit ausgestrecktem Arm und flacher, nach oben oder unten bewegter Hand in die Richtung der betreffenden Person.*

—▸ *Will man jemanden auf sich aufmerksam machen, winkt man mit der ganzen Hand und zeigt nie mit dem Zeigefinger auf eine Person.*

—▸ *Falls der Ansignalisierte nicht sicher ist, ob er gemeint ist, wird er mit dem Zeigefinger auf die eigene Nase deuten: „Meinen Sie mich?"*

—▸ *Kratzt sich jemand am Hinterkopf, so heißt dies: „Ich bin verlegen".*

—▸ *Gekreuzte Zeigefinger bedeuten: „geht nicht"/„nein".*

—▸ *Man streckt von der zur Faust gekrümmten Hand den kleinen Finger ab: „Frau" oder „Freundin".*

—▸ *Ein kleiner Kreis aus Daumen und Zeigefinger steht für: „Geld" (Das Reiben von Daumen und Zeigefinger wird oft nicht verstanden).*

Höflichkeit

—●●▸ *Die Japaner versuchen weitgehend zu vermeiden, direkte Urteile über Gut und Böse abzugeben. Man achtet sein Gegenüber und will dessen Gefühle nicht verletzen.*

→ *In Japan gilt es als ein Zeichen der Charakterstärke, sich anzupassen und unterzuordnen ohne dabei das Gefühl zu haben, den Respekt vor sich selbst zu verlieren. Daher sind Entschuldigungen – Sumimasen – in Japan sehr verbreitet.*
Der Austausch von Entschuldigungen stellt eine gute Möglichkeit dar, Fehler hinter sich zu lassen und die Beziehung zu stärken.

Beginnen Sie mit:

Entschuldigung, … / Verzeihung, …
Sumimasen … / Shitsurei des[u] ga…

… ist dieser Platz noch frei?
… kono seki wa aite imas[u] ka?

… darf ich mal vorbei?
… mae o tootte mo ii des[u] ka?

… wo ist der Aufzug, bitte?
… erebētā wa doko des[u] ka?

→ *Versuchen Sie Ihre Aussage stets so zu formulieren, dass die Gegenseite sich integriert und nicht ausgeschlossen fühlt.*

→ *Ersetzen Sie negative Wörter durch positive:*

Das ist nicht möglich.
Sore wa dekimasen.
→ Ich versuche, mein Bestes zu tun, aber …
Dekirudake no koto wa shite mimas[u] ga …

→ *Verwenden Sie den Konjunktiv:*

Kann ich eine Kopie des Berichtes haben?
Kiroku no kopī ga itadakemas[u] ka?
→ Könnte ich nicht eine Kopie des Berichtes haben?
Kiroku no kopī wa itadakemasen ka?

Können Sie das tun?
Sore ga dekimas[u] ka?
→ Könnten Sie das nicht für mich tun?
Sore o watashi no tame ni sh[i]te itadakemasen ka?

→ *Machen Sie aus einer Aufforderung einen Vorschlag:*

Fragen Sie Frau Kikuchi!
Dōshite Kikuchi-san
→ Warum fragen Sie nicht Frau Kikuchi?
Kikuchi-san ni kiite kudasai! ni kikanai no des[u] ka?

Faxen Sie an die Zentrale!
Honsha ni fakkus[u] sh[i]te kudasai!
→ Haben Sie daran gedacht, die Zentrale anzufaxen?
Honsha ni fakkus[u] suru koto o o-kangae ni narimash[i]ta ka?

→ *Entpersonifizieren Sie eine Aufforderung:*

Hier dürfen Sie nicht rauchen! Koko de tabako o sutte wa komarimas^u!	→	Dies ist kein Raucherbereich! Koko wa kitsuensha-zōn dewa arimasen!
Hier dürfen Sie nicht fotografieren! Koko de shashin o totte wa komarimas^u!	→	Fotografieren verboten! Satsuei kinshi!

Männer und Frauen

→ *In Japan benutzen Männer und Frauen teilweise unterschiedliche Wörter und Ausdrücke und betonen auch anders, wobei die Frauen weicher und höflicher, die Männer härter und weniger höflich sprechen.*

Was Japaner von uns wissen ▸▸ 16 *Smalltalk*

Deutschland

→ *Das Bild der Japaner von Deutschland ist von Vorurteilen geprägt. Zum Stichwort Deutschland fallen den Japanern meist die Autobahnen ohne Geschwindigkeitsbegrenzung ein, märchenhafte Landschaften, Neuschwanstein, Bier und Wein, die Stadt Freiburg als Ort intensiver Aktivitäten im Bereich der Ökologie, Müllsortierung, Solarenergie, Arbeitsatmosphäre, Stadtplanung, das deutsche Meistersystem (in Verbindung mit Gründlichkeit). Des Weiteren glauben Japaner, dass die Deutschen viel Geld für ihre Wohnungen ausgeben, dafür aber am Essen sparen. Ihrer Ansicht nach haben Deutsche eine langsame, dafür aber sichere Art, ihr Leben zu führen. Besondere Tugenden sind Fleiß und Pünktlichkeit, welche sie mit den Japanern gemeinsam haben.*

Ich bin Deutsche/r.
Watashi wa doitsu-jin des^u.

Er kommt aus Baden-Württemberg.
Ano-h^ito wa Badenwürttemberg kara kimash^ita.

Österreich

→ *Fällt das Stichwort „Österreich", dann denken Japaner immer noch an die Kaiser-Monarchie und ziehen Parallelen zu ihrem Tenno. Österreicher gelten als besonders höfliche Menschen, die sich (wie auch die Japaner) indirekter Redeweisen bedienen und*

Komplimente machen. Begriffe wie Wienerwald, Salzburg und Mozart sind allseitig bekannt, ebenso wie Burgtheater, Walzer, Tirol und Skifahren. Gemälde des Malers Gustav Klimt werden häufig im Fernsehen gezeigt.

Meine Frau ist Österreicherin.
Kanai wa ōsutoria-jin des^{u}.

Ich komme aus Wien.
Watashi wa uīn shusshin des^{u}.

Schweiz

Die Schweiz ist nicht nur bekannt wegen ihrer Berge, Uhren und pharmazeutischen Industrie, sondern ist auch bei jungen japanischen Hochzeitspaaren beliebt, die ihre Flitterwochen gerne in der Schweiz verbringen und in einer romantischen Bergkapelle ihre Hochzeitszeremonie nach christlichem Ritus wiederholen.

Der Chef ist Schweizer.
Jōshi wa suis^{u}-jin des^{u}.

Länder und Nationalitäten

Rund um die Welt

Japaner reisen gerne. Sie sprechen Ländernamen so aus, wie sie in ihrer zur Schreibung von Fremdwörtern verwendeten Silbenschrift Katakana *geschrieben werden. Die Länder und ihre Sprachen werden wie unten aufgelistet ausgesprochen.*

Ägypten / ägyptisch	ejiputo / arabia-go
Belgien / belgisch	berugī / furansu-go
Brasilien / brasilianisch	burajiru / porutogaru-go
China / chinesisch	chūgoku / chūgoku-go
Dänemark / dänisch	denmāku / denmāku-go
Frankreich / französisch	frans^{u} / frans^{u}-go
Griechenland / griechisch	girisha / girisha-go
Italien / italienisch	itaria / itaria-go
Japan / japanisch	nihon / nihon-go
Niederlande / niederländisch	oranda / oranda-go
Polen / polnisch	pōrando / pōrando-go
Portugal / portugiesisch	porutogaru / porutogaru-go
Russland / russisch	roshia / roshia-go
Spanien / spanisch	supein / supein-go
Tschechien / tschechisch	cheko / cheko-go
Türkei / türkisch	toruko / toruko-go
Ungarn / ungarisch	hangarī / hangarī-go

Meere, Seen und Flüsse

Bodensee	bōden-ko
Donau	donau-gawa
Elbe	erube-gawa
Genfer See	junēbu-ko
Isar	īzaru-gawa
Main	main-gawa
Mittelmeer	chichū-kai
Mosel	mōzeru
Neckar	nekkā-gawa
Nordsee	hokkai
Ostsee	baruto-kai
Rhein	rain-gawa

Vom Deutschen abweichende Städtenamen

Amsterdam	amusuterudamu
Athen	atene
Budapest	butapesuto
Brüssel	buryusseru
Den Haag	hāgu
Genua	jenōba
Kopenhagen	kopenhāgen
Lissabon	risabon
London	rondon
Mailand	mirano
Moskau	mosukuwa
Oslo	osuro
Paris	pari
Prag	puraha
Rom	rōma
Stockholm	sutokkuhorumu
Warschau	warswa
Venedig	benisu

Städte und Regionen der deutschsprachigen Länder

Deutschland	**doitsu**
Aachen	āhen
Berlin	berurin
Bremen	burēmen
Dresden	dorēsuden
Düsseldorf	dyusserudorufu
Frankfurt	furankufuruto
Füssen	fyussen
Hannover	hanōbā
Heidelberg	haideruberuku

Köln	kerun
Leipzig	raipuchihhi
Meissen	maisen
München	myunhen
Nürnberg	nyūrunberuku
Rothenburg	rōtenberuku
Stuttgart	shututtogaruto
Thüringen	chūringen
Weimar	waimāru
Österreich	**ōsutoria**
Graz	gurātsu
Innsbruck	insuburukku
Salzburg	zarutsuburuku
Tirol	chiroru
Wien	wuīn
Schweiz	**suisu**
Basel	bāzeru
Bern	berun
Genf	junēbu
Luzern	rutserun
Zermatt	tserumatto

Das Wichtigste in Kürze

Begrüßen

Aisatsu

Westliches Händeschütteln oder Umarmungen sind in Japan nicht üblich. Man begrüßt sich mit einer Verbeugung. Je tiefer man sich verbeugt, desto mehr Ehre erweist man seinem Gegenüber. Je älter die Japaner sind, desto formeller und traditionsbewusster sind sie.
Ausländern wird das Handschütteln zwar zugestanden, da es jedoch kein traditioneller Bestandteil der japanischen Kultur ist, sollte der Händedruck nicht zu kräftig ausfallen.

Wie tief muss man sich verbeugen?

Gleichrangigen oder Untergebenen gegenüber ist eine Neigung von 15 Grad gerade richtig. Bei Vorgesetzten oder in einer formellen Situation wie z. B. einer ersten Begegnung sind 30 Grad angemessen.

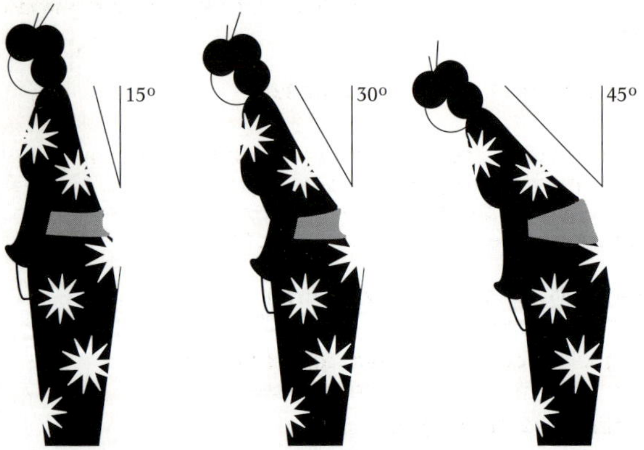

Treffen Sie einen Bekannten, erkundigen Sie sich nach seinem Befinden. Werden Sie selbst mit dieser konventionellen Frage konfrontiert, so antworten Sie kurz und positiv.

Peter, wir haben uns lange nicht gesehen!
Pētā-san, ohisashiburi des^{u}!

Wie geht es Ihnen / dir?
Ogenki des^{u} ka?

Wie geht's?
Genki? / Dō shiteru?

Danke, gut. / Danke, bestens. / Nicht schlecht.
Arigatō. Genki des^{u}. / Totemo genki des^{u}. / Māmā des^{u}.

Und Ihnen / dir?
Anata mo o-genki des^{u} ka? / Anata wa?

→ *In Osaka, der traditionellen Handelsstadt, darf gefragt werden:*

Wie läuft das Geschäft? / Haben Sie Profit?
O-shigoto wa ikaga des^{u} ka? / Mō kari makka?

Sehr gut. / Nicht schlecht. / Ich kann nicht klagen!
Junchō des^{u}. / Māmā des^{u}. / Bochi bochi des^{u}.

Und wie geht's der / Ihrer Familie?
Go-kazoku no mina-sama mo o-genki des^{u} ka?

Danke, bestens. Und wie steht's bei Ihnen?
Arigatō go-zaimas^{u}. Genki des^{u}. Anata-sama mo o-genki des^{u} ka?

Sich und andere vorstellen ▸▸ 1 *Namen, Titel*

Jibun to hoka no hito o shōkai suru

→ *Man stellt sich mit Vor- und Nachnamen vor, Titel werden nicht genannt.*

Sehr erfreut. / Es freut mich, Sie kennenzulernen.
Hajimemashite.

→ *Hajimemashite bedeutet soviel wie „Wir beginnen mit einer neuen Bekanntschaft" und wird bei einer ersten Begegnung immer vorgebracht. Wenn Sie am nächsten Tag der gleichen Person begegnen, grüßen Sie mit Konnichi wa („Guten Tag").*

Ich bin Herr Nakamura von der Firma Asahi.
Watashi wa Asahi-gaisha no Nakamura to mōsh^{i}imas^{u}.

Verzeihung. Ich habe Ihren Namen nicht verstanden.
Sumimasen. O-namae ga kikitoremasen desh^{i}ta.

Dies ist meine Visitenkarte. Bitte.
Kore wa watashi no meishi des^{u}. Dōzo.

Vielen Dank. Ist das Ihr Name?
Arigatō gozaimas^{u}. Kore wa anata no o-namae des^{u} ka?

Ja, das ist mein Name. Na-ka-mu-ra.
Hai, kore wa watashi no namae des^{u}. Na-ka-mu-ra des^{u}.

Bitte betrachten Sie diese Beziehung mit Wohlwollen.
Dōzo yorosh^{i}ku.

→ *Der Austausch von Visitenkarten spielt im japanischen Geschäftsleben eine sehr wichtige Rolle. Visitenkarten ermöglichen den Japanern die hierarchische Einordnung eines Fremden. Egal ob es sich um einen gesellschaftlich Höherstehenden, Gleichrangigen oder Untergebenen handelt, jeder nimmt in der Sozialordnung einen bestimmten Platz ein und hat damit Anspruch auf bestimmte Anrede- und Höflichkeitsformen. Vergessen Sie nicht, Visitenkarten mit Titel und Berufsbezeichnung mit auf die Reise zu nehmen. Am besten lassen Sie auf der Rückseite eine japanische Übersetzung mitdrucken.*

Beachten Sie folgendes Ritual:

→ *Zuerst zeigt der Besucher seine Visitenkarte.*

→ *Die Visitenkarte überreicht man mit der rechten Hand, wobei man dem Partner direkt gegenüber steht. Man stellt sich vor, während man die Visitenkarte überreicht.*

→ *Entgegennehmen der Visitenkarte: Die Visitenkarte des Gegenübers nimmt man mit beiden Händen, so, dass der Schriftzug nicht mit den Fingern verdeckt wird.*

→ *Nach Empfang der Visitenkarte bewahrt man sie sorgfältig in einem Visitenkarten-Etui auf.*

Was darf man mit der Visitenkarte nicht tun?

→ *Die Visitenkarte achtlos beiseite legen.*

→ *Die empfangene Karte in der Hosentasche verstauen.*

→ *Mit der Visitenkarte spielen oder sie knicken.*

→ *Vor den Augen des Partners darauf schreiben.*

Sich verabschieden ▸▸ 11 *Den Besuch beenden*

Wakare no aisatsu o suru

→ *Nach Abschluss einer erfolgreichen Geschäftsverhandlung findet üblicherweise ein gemeinsames Abendessen statt. Doch dabei bleibt es nicht immer, sofern das Verhandlungsergebnis den Anfang einer Zusammenarbeit darstellt. Um sich näher kennenzulernen, folgt dem Abendessen ein Besuch in einem Nachtklub, um die persönliche Beziehung zwischen denjenigen zu festigen, die zukünftig an einer gemeinsamen Sache arbeiten werden.*

Es war schön, Sie kennen zu lernen.
O-chikazuki ni narete yokatta des^{u}.

Ganz meinerseits.
Watashi no hō koso.

Ja, dann auf hoffentlich bald.
Mamonaku o-menikakareru koto o negatte.

Wir sehen uns dann am Donnerstag / bei der Besprechung / in Tokyo.
Jā mokuyō-bi ni / kaigi de / Tokyo de aimashō.

Genau. Bis dann. / Bis später.
Mattaku. Sore made / Nochi hodo made.

Auf Wiedersehen. / Tschüss.
Sayōnara / Ja, mata.

Wünsche äußern

O-negai suru

Japanische Gastgeber versuchen die Bedürfnisse der Besucher zu erkennen, ehe sie um etwas gebeten werden. Japaner selbst tragen Wünsche nicht gerne direkt vor, weil sie befürchten, dass der andere sie unter Umständen nicht erfüllen kann und sie niemanden in Verlegenheit bringen wollen.

Können Sie mir bitte Ihre Broschüre zusenden?
Panfuretto o okutte kudasaimasen ka?

Würden Sie mir einen Gefallen tun?
Onegaigoto ga aru n des^{u} ga ...

Wären Sie so freundlich und ...?
Sumimasen ga ... onegai deklru deshō ka

Wir wären Ihnen sehr verbunden, wenn ...
...nara kokoro kara on o kanjimasu^{u}.

Wäre es möglich ... zu (tun)?
...wa dekimas^{u} de shō ka?

Dürfte ich ...?
...to mo kamaimasen ka ?

Hätten Sie etwas dagegen, wenn ich ...?
...nara anata wa hantai des^{u} ka?

Auf Wünsche reagieren

Negai ni kotaeru

Selbstverständlich.
Atarimae des^{u}.

Aber sicher. / Kein Problem.
Mochiron da tomo. / Mondai nai des^{u}.

Leider nicht.
Ainiku dekimasen.

Das könnte etwas schwierig sein.
Chotto mutsukash^{i}i kamo shiremasen.

Das ist leider nicht möglich.
Zannen des^{u} ga sore wa dekimasen.

Sich bedanken

Rei o noberu

Danke. / Danke schön. / Vielen Dank.
Arigatò. / Arigatō gozaimas^{u}. / Dōmo arigatō gozaimas^{u}.

Das ist sehr freundlich von Ihnen.
Dōmo goshìnsetsu ni arigatō gozaimas^{u}.

Bitte schön. / Gern geschehen. / Nicht der Rede wert.
Dō itash^{i}mash^{i}te. / Atarimae no koto des^{u} / Toru ni tarimasen.

Sich entschuldigen

O-wabi o suru

Oh, Entschuldigung!
Ah, suimasen.

Verzeihung.
Go-men nasai.

Es tut mir (sehr) Leid.
Zannen des^{u}. / O-kinodoku des^{u}.

Ich möchte mich für ... entschuldigen.
... ni tsuite ayamaritai to omoimas^{u}.

Macht nichts. / Kein Problem.
Kekkō des^{u}. / Mondai arimasen.

Interesse zeigen

Kyōmi ga arimas^{u}

Interessant!
Omoshiroi des^{u} ne!

In der Tat?
Hontō ni?

Ich verstehe.
Wakarimas^{u}.

Das ist mir neu.
Hontō des^{u} ka! Sore wa kikihajime des^{u}.

Sehr beeindruckend.
Fukaku kandō sh^{i}mash^{i}ta.

Mensch!
Oyamā!

Gratulieren und Bedauern ausdrücken

Oiwai to dōjō no kimochi o noberu

Herzliche Glückwünsche!
Omedetō gozaimas^{u}.

Alles Gute zum Neuen Jahr.
Akemash^{i}te omedetō gozaimas^{u}.

Bitte bleiben Sie mir auch im neuen Jahr zugeneigt.
Kotoshi mo yorosh^{i}ku o-negai sh^{i}mas^{u}.

Herzliche Glückwünsche zum Geburtstag!
O-tanjōbi omedetō go-zaimas^{u}.

Herzliche Glückwünsche zum Eintritt in die Schule / zur Hochzeit!
Go-nyūgaku / Go-kekkon omedetō gozaimas^{u}.

Gott vergelt's. Vielen Dank.
Okage-sama de. Arigatō gozaimas^{u}.

Oh, je! Wie schade! Aber gib nicht auf.
Ah! Sore wa zannen desh^{i}ta ne! Demo ganbatte kudasai.

Das tut mir Leid.
O-kinodoku-sama desū.

Verständigungsschwierigkeiten

Kikikaeshi no kotoba

Wie bitte ?
Hai? Nan to osshai mash^{i}ta ka?

Könnten Sie bitte ...?
...te kudasaimasen ka?

Ich verstehe Sie nicht. Würden Sie das bitte wiederholen?
Yoku wakarimasen. Mō ichi-do itte kudasaimasen ka?

Bitte sprechen Sie etwas langsamer.
Suimasen. Motto yukkuri hanash^{i}te kudasaimasen ka?

Sprechen Sie Englisch / Deutsch?
Ei-go / Doitsu-go ga dekimas^{u} ka?

Könnten Sie bitte etwas lauter sprechen?
Mōsukoshi ōkina koe de hanash^{i}te kudasaimasen ka?

Kennen Sie jemanden, der vom Deutschen / Englischen ins Japanische übersetzt?
Dare ka doitsu-go / ei-go kara nihongo ni tsūykaku dekiru kata o shirimasen ka?

Wie heißt ... auf Japanisch?
... wa nihon-go de nan to ii mas^{u} ka?

Schreiben Sie das bitte in lateinischer Schrift.
Rōma-ji de kaite kudasai.

Kazu

Grundzahlen
Ki-sū

—●—●—▸ *Die Zahl eins wird handschriftlich als einfacher Strich (I) geschrieben, die sieben ohne horizontalen Balken (7). Eine handgeschriebene „europäische" 1 kann dadurch als 7 gelesen werden.*

—▸ *In Japan bauen sich die Zahlen im Unterschied zum abendländischen Raum etwas anders auf: während im Deutschen nach Dreier-Dezimal-Schritten das jeweils höhere Zählwort erreicht wird (1,000: eintausend; 1,000,000: eine Million; 1,000,000,000 eine Milliarden), wird es im japanischen Zahlensystem erst nach Vierer-Dezimal-Schritten erreicht (1,0000: ichi man; 1,0000,0000: ichi oku; 1,0000,0000,0000 itchoo).*

0	zero
1	ichi
2	ni
3	san
4	shi/yon
5	go
6	roku
7	shichi/nana
8	hachi
9	ku/kyū
10	jū
11	jū-ichi
12	jū-ni
13	jū-san
14	jū-shi
15	jū-go
16	jū-roku
17	jū-shichi/jū-nana
18	jū-hachi
19	jū-ku/jū-kyū
20	ni-jū
21	ni-jū-ichi
22	ni-jū-ni
23	ni-jū-san
30	san-jū
40	yon-jū
50	go-jū
60	roku-jū
70	nana-jū
80	hachi-jū
90	kyū-jū

100	hyaku
200	ni-hyaku
300	san-byaku
600	roppyaku
800	happyaku
1,000	sen
1,100	sen hyaku
1,110	sen hyaku jū
10,000	ichi man
100,000,000	ichi oku
1,000,000,000,000	itchō

Punkt oder Komma?
Ten matawa konma

Tausender werden im Japanischen, genau so wie im Englischen, mit Hilfe eines Kommas gegliedert, dezimale Zahlen mit einem Punkt.

4,153	vier Komma eins fünf drei
4.153	yon ten ichi go san
4.153	viertausendeinhundertdreiundfünfzig
4,153	yon-sen hyaku go-jū san

Bruchzahlen
Wari-zan

1/4	yonbun no ichi (*Aussprache:* yombun)
1/2	ni bun no ichi
2/3	san bun no ni (*Aussprache:* sambun)
3/4	yon bun no san
4/5	go-bun no yon
7/8	hachi - bun no nana
11/12	jūni bun no jū - ichi

Arithmetische Zeichen
San-sū no fugō

+ purasu / tasu
- mainasu / hiku
× kakeru
÷ waru
= īkōru

~ ...ni sōtō suru./ ...to dōtō no
< ...yori chiisai
> ...yori ōkii
≤ ...to dōtō mata wa ...yori chiisai
≥ ...to dōtō mata wa ...yoro ōkii

Datum

Hizuke

–●●➤ *Für die Jahreszählung bedient man sich in Japan offiziell noch der traditionellen Form der Zeitrechnung mit Hilfe sogenannter Jahreslosungen (Nengō). In der seit 1868 bestehenden Praxis bezeichnen sie die Regierungszeit des jeweiligen Kaisers (Tennō), d. h. mit dem Antritt eines neuen Kaisers beginnt die Jahresrechnung bei Eins und es wird fortlaufend bis zum Ende der Regierungszeit des Kaisers durchgezählt. Die Jahreslosungen stimmen zugleich mit dem entsprechenden Herrschernamen überein.*

Jahreslosung	*Japanische Jahreszahl*	*Kaiser*	*Regierungszeit*
Meiji-Zeit	*1 – 45*	*Meiji-Tennō*	*1868 – 1912*
Taishô-Zeit	*1 – 15*	*Taishō-Tennō*	*1912 – 1926*
Shōwa-Zeit	*1 – 64*	*Shōwa-Tennō*	*1926 – 1989*
Heisei-Zeit	*1 –*	*Heisei-Tennō*	*1989 –*

Beispiel
Am 15.01.2001:
Heisei jūsan-nen ichigatsu jūgo-nichi (Heisei 13-nen 1-gatsu 15-nichi)
(15. Januar im 13. Jahr der Heisei-Zeit)

Ordnungszahlen

Erste/r	tsuitachi	11. jūichi-nichi	21. nijūichi-nichi
Zweite/r	futsuka	12. jūni-nichi	22. nijūni-nichi
Dritte/r	mikka	13. jūsan-nichi	23. nijūsan-nichi
Vierte/r	yokka	14. jūyokka	24. nijūyokka
Fünfte/r	itsuka	15. jūgo-nichi	25. nijūgo-nichi
Sechste/r	muika	16. jūroku-nichi	26. nijūroku-nichi
Siebte/r	nanoka	17. jūshichi-nichi	27. nijūshichi-nichi
Achte/r	yōka	18. jūhachi-nichi	28. nijūhachi-nichi
Neunte/r	kokonoka	19. jūku-nichi	29. nijūku-nichi
Zehnte/r	tōka	20. hatsuka	30. sanjū-nichi
			31. sanjūichi-nichi

–●●➤ *Für die ersten zehn Tage des Monats werden nach der alten japanischen Zählweise die Ordnungszahlen benutzt. Ab dem 11. Tag des Monats werden die normalen Grundzahlen mit der Endung -nichi („Tag") verwendet.*

–●●➤ *Die Reihenfolge des Datums wird im Japanischen wie folgt gesprochen bzw. geschrieben: „Jahr-Monat-Tag" z. B. 20. April 2000 wird auf japanisch als „2000 / April / 20" transkribiert. Ausgesprochen wird es: nisen-nen shi-gatsu hatsuka oder in traditioneller Sprechwei-*

se: heisei jūni-nen shi-gatsu hatsuka (= heisei 12-nen 4-gatsu 20). Die größere Zeiteinheit steht also vor der kleineren.

Welches Datum ist heute?
Kyoo wa nan-gatsu nan-nichi des[u] ka?
Es ist Dienstag, der erste Juni.
Roku-gatsu tsuitachi ka-yōbi des[u].

Jahreszahlen
Kigennensū

Jahreszahlen nach westlicher und japanischer Zählweise: Wenn Sie ni-sen ni sagen, um 2002 zu bezeichnen, so ist dies zwar verständlich, Japaner aber würden stets Heisei 14-nen sagen:

Jahreszahl	gesprochen	japanische Zählweise
1900	sen kyūhyaku	Meiji 33-nen
1901	sen kyūhyaku ichi	Meiji 34-nen
1909	sen kyūhyaku kyū	Meiji 42-nen
1915	sen kyūhyaku jūgo	Taishō 4-nen
1929	sen kyūhyaku nijū ku	Shōwa 4-nen
1951	sen kyūhyaku gojū ichi	Shōwa 26-nen
2000	ni-sen	Heisei 12-nen
2001	ni-sen ichi	Heisei 13-nen
2002	ni-sen ni	Heisei 14-nen
2003	ni-sen san	Heisei 15-nen

Monate
Tsuki

Die Monatsnamen sind ganz einfach: sie werden von 1 bis 12 gezählt, und das Zählwort -gatsu wird hinzugefügt.

Januar	ichi-gatsu
Februar	ni-gatsu
März	san-gatsu
April	shi-gatsu
Mai	go-gatsu
Juni	roku-gatsu
Juli	shichi-gatsu
August	hachi-gatsu
September	ku-gatsu
Oktober	jū-gatsu
November	jūichi-gatsu
Dezember	jūni-gatsu

Wochentage
Yōbi

Montag	Getsu-yōbi	Mond-Tag
Dienstag	Ka-yōbi	Feuer-Tag
Mittwoch	Sui-yōbi	Wasser-Tag
Donnerstag	Moku-yōbi	Holz-Tag
Freitag	Kin-yōbi	Gold-/Metall-Tag
Samstag	Do-yōbi	Erden-Tag
Sonntag	Nichi-yōbi	Sonnen-Tag

Wichtige Feiertage
Jūyōna shukusaijitsu

01.01–03.01.	Neujahr	Oshōgatsu
15.01.	Tag der Volljährigkeit	Seijin no hi
11.02.	Gründungstag des Staates	Kenkoku kinen bi
20.03.	Frühlingsanfang	Shunbun no hi
29.04.	Tag des Grüns	Midori no hi
03.05.	Tag der Verfassung	Kenpō kinen bi
05.05.	Tag der Kinder	Kodomo no hi
20.07.	Tag des Meeres	Umi no hi
15.09.	Tag der Ehrerbietung gegenüber älteren Menschen	Rōjin no hi
23.09.	Herbstbeginn	Shūbun no hi
10.10.	Tag des Sports u. der Gesundheit	Taiiku no hi
03.11.	Tag der Kultur	Bunka no hi
23.11.	Arbeits-Danktag	Kinrō kansha no hi
23.12.	Geburtstag des Tennos (Kaisers)	Tennō tanjō bi

Am 14. Februar bekommen männliche Angestellte von weiblichen Mitarbeitern Schokolade geschenkt. Meistens handelt es sich dabei um sogenannte Giri-choko, d.h. eine Anerkennung für erhaltenes Entgegenkommen etwa in der Art von geduldigem Erklären geschäftlicher Vorgänge, die ausserhalb des eigentlichen Aufgabenbereiches ablaufen. Es gibt aber auch die sogenannte Honmei-choko als Liebesgeständnis. Wer mehr als 3-4 honmei-choko bekommt, muss sehr aufpassen, keine Herzen zu brechen.
Einen Monat später, nämlich am White day, erhalten die Absender der „Schokoladen" ein „Gegengeschenk".

Gestern / Heute / Morgen
Kinō / Kyō / Ash'ta (Asu)

morgens / mittags / nachmittags / abends / nachts
asa / hiru / gogo / yūgata / yoru

frühmorgens / am frühen Nachmittag / spätabends
sōchō ni / gogo hayaku / ban osoku

gestern Morgen / heute Nachmittag / morgen Abend
kinō no asa / kyoo no gogo / ashita no ban

gestern Abend / heute Abend / morgen Abend
kinō no ban / konban / asu no ban

vor zwei Tagen / vorgestern
futsuka mae / ototoi

übermorgen / in zwei Tagen
asatte / futsuka go ni

morgen in einer Woche / Dienstag in einer Woche
isshūkan go no ashita / isshū-kan go no ka-yōbi

letzte Woche / diesen Monat / nächstes Jahr
senshū / kongetsu / rainen

Wochentag / Wochenende
heijitsu / shūmatsu

Vierteljahr / Halbjahr / Jahr
san ka getsu / hantoshi / ichi-nen

Jahrzehnt / Jahrhundert / Jahrtausend
jū-nenkan / hyaku-nenkan (isseiki) / sen-nenkan

Uhrzeit
Jikoku

Entschuldigung, wie spät ist es jetzt?
Sumimasen, ima nan-ji des^u ka?

→ *Bei der Beantwortung dieser Frage müssen Sie etwas aufpassen, da in Japan nur die Uhrzeiten von 1 bis 12 verwendet werden. Um in geschriebenen Texten Eindeutigkeit zu erreichen, wird die Uhrzeit um ein vorangestelltes asa (morgens), gozen (vormittags), gogo (nachmittags) oder yoru (abends / nachts) ergänzt.*

Morgens sechs Uhr.
Asa roku-ji des^u.

Vormittags zehn Uhr.
Gozen jū-ji des^u.

Nachmittags zwei Uhr
Gogo ni-ji des^u.

Nachts elf Uhr.
Yoru jūichi-ji des^u.

→ *Normalerweise werden Stunden (-ji), Minuten (-fun / pun) und Sekunden (byō) als Nachsilben an die Zahlen angehängt. 8.45 Uhr kann durch Hachi-ji yonjū-go-fun (8 Uhr 45 Minuten) oder durch ku-ji jūgo-fun mae (Neun-Uhr fünfzehn Minuten vor) ausgedrückt werden. Im letzten Fall darf das Verhältniswort mae (vor) nicht fehlen, denn sonst wäre 9.15 Uhr gemeint. Zwar müsste es logisch richtig Hachi-ji yonjū-go-fun sugi heissen, aber das sugi (nach) lässt man meistens wegfallen.*
„Viertel" und „drei viertel" gibt es im Japanischen nicht. Hier endet die Sparsamkeit. Jūgo-fun oder yonjū-go-fun sind richtig.

30 Minuten wird mit sanjuppun oder han übersetzt.
Minute: fun oder pun: *bei 1, 3, 6, 8, 10 pun, sonst fun*

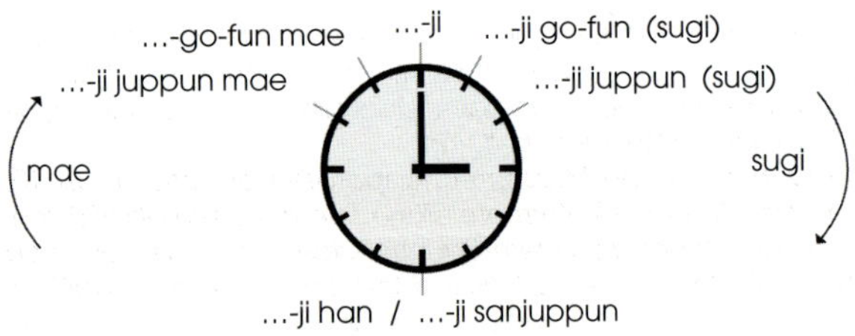

6.20	roku-ji nijuppun
11.05	jūichi-ji go-fun
7.30	shichi-ji sanjuppun/shichi-ji han
12.00	jūni-ji
8.45	hachi-ji yonjūgo-fun/ku-ji jūgo-fun mae. ku-ji nijūgo-fun

Telefonieren

→ Öffentliche Telefone gibt es vor allem in Bahnhofsnähe. Häufig sind sie nicht von einem Häuschen umgeben, sondern stehen zwischen den Auslagen von Händlern. Man erkennt sie an ihrer typischen Form und Farbe, meist hellgrün.
Für den Gebrauch von Münzsprechapparaten benötigt man 10- oder 100-Yen-Münzen, für Kartentelefone Telefonkarten ab 500 Yen. Sie sind in der Regel an jedem Bahnhofskiosk oder Convenience Store (wie z. B. Seven Eleven, Family Mart, Lawson etc.) erhältlich. Überseegespräche können mit einer „International Call Card" (Karten ab 3000 Yen in jedem Convenience Store erhältlich) von solchen öffentlichen Telefonapparaten aus geführt werden, die mit dem Hinweis „International" versehen sind.

Telefonnummern
Denwa-bangō

→ Die Ziffern werden einzeln gesprochen. Zwischen die Vorwahlnummer und die eigentliche Rufnummer wird die Endung no eingefügt:

03-3523-8932 = zero san no san go ni san no hachi kyū san ni

Wenn das Telefon klingelt …
Denwa ga nattara …

→ Nach dem zweiten Klingeln sollten Sie den Hörer abnehmen.

→ Innerhalb einer Firma werden Sie gewöhnlich Folgendes hören:

Ja, Abteilung 00 der Firma XX am Apparat.
Hai, XX-kaisha OO-ka de gozaimas^{u}.

→ Wenn Sie es mehr als 3-mal klingeln ließen:

Entschuldigen Sie, dass ich Sie warten ließ.
Omatase shimash^{i}ta.

→ Erst danach erfolgt die blumige Begrüßung:

Danke für die Mühe, die Sie sich unseretwegen gemacht haben.
Itsumo osewa ni natte orimas^{u}.

Nach jemandem fragen

Hanash^{i}aite o tazuneru

●●→ *Floskel beim Anruf:*

Hallo, hallo.
Moshi, moshi.

Spreche ich mit Herrn / Frau ...?
Moshi moshi, ... san des^{u} ka?

Entschuldigen Sie bitte. Ich muss mich verwählt haben.
Sumimasen bangō o machigaemash^{i}ta.

Das kann vorkommen.
Iie.

Ich würde gern Herrn / Frau ... sprechen.
... san to ohanashi sh^{i}tai no des^{u} ga.

Könnten Sie mich mit Herrn / Frau ... verbinden?
... san to tsunaide itadakemasen ka?

Wer ist am Apparat?
Dochira-sama de irasshai mas^{u} ka?

Einen Augenblick bitte.
Chotto matte kudasai. / Shōshō o-machi kudasai.

Bleiben Sie bitte am Apparat.
Denwa o kirazuni sonomama o-machi kudasai.

Ich versuche, Sie zu verbinden.
Otsunagi sh^{i}mas^{u}.

Jemanden erreichen

Hanash^{i}-te to setsuzoku suru

●●→ *Der Gesprächspartner meldet sich persönlich:*

Am Apparat.
Hai, watashi des^{u}.

Ich heiße XY von der Abteilung Z der Firma ABC.
ABC-kaisha no Z-ka no XY to mōsh^{i}mas^{u}.

→ *Gegenüber Geschäftspartnern, Lehrern, Vorgesetzten usw. wird häufig die Begrüßungsfloskel gebraucht:*

Entschuldigen Sie, dass ich Ihnen immer solche Mühe mache.
Itsumo osewa ni natte orimas^{u}.

→ *Dies ist der Ausdruck einer einfachen Begrüßung.*

Was kann ich für Sie tun?
Goyōken wa nan de shō ka?

Es geht um …
… ni tsuite des^{u}.

Ich sollte Sie zurückrufen.
Henji no denwa o kakeru yōni to no koto des^{u}. / Rikōru suru yō ni to no koto des^{u}.

Vielen herzlichen Dank, dass Sie für mich Ihre kostbare Zeit geopfert haben.
Kichōna ojikan o saite itadaki dō mo arigatō gozaimash^{i}ta.

Vielen Dank für Ihren Anruf / Rückruf.
O-denwa arigatō gozaimashita. / Henji no o-denwa arigatoo gozaimash^{i}ta.

Jemand ist nicht erreichbar

Renraku ga toremasen

Es meldet sich niemand.
Dare mo demasen.

Es ist leider besetzt. Möchten Sie warten?
Osoreirimasu ga tadaima hanashichū des^{u}. O-machi itadakemasu ka?

Vielen Dank, aber ich melde mich wieder.
Arigatō gozaimas^{u}. Mata denwa sh^{i}mas^{u}.

Wann kann ich ihn/sie am besten erreichen?
Itsu kakereba ichiban yorosh^{i}i des^{u} ka?

Er spricht gerade.
Ima hanash^{i}chū des^{u}.

Sie ist in einer Besprechung / zu Tisch / im Urlaub / krank.
Kaigi chū des^{u} / Shokuji chū des^{u} / Kyūka o totto imas^{u} / Byōki des^{u}.

Er ist heute nicht im Hause. / Er ist im Augenblick nicht da.
Kyō wa kite orimasen. / Chotto seki o hazush^{i}te orimas^{u}

Kann ich Ihnen weiterhelfen?
Watashi de nani ka o-yaku ni tamemas^{u} deshō ka?

Eine Nachricht hinterlassen

Messēji o nokos^{u}

Möchten Sie eine Nachricht hinterlassen?
Messēji o nokosare mas^{u} ka?

Könnten Sie ihm / ihr bitte etwas ausrichten?
Kanojo / Kare ni chotto o-tsutae kudasaimasen ka?

Er/Sie möchte mich bitte zurückrufen.
Orikaeshi o-denwa kudasai.

Wie lautet Ihre Nummer, bitte?
Anata-sama no denwa-bangō wa nan-ban des^{u} ka?

Das ist 695770, Vorwahl 0151.
Roku kyū go nana nana zero des^{u}. Shigai kyokuban wa zero ichi go ichi des^{u}.

Ich wiederhole.
Kurikaesh^{i}mas^{u}.

Ich werde es ausrichten.
Watashi ga o-tsutae sh^{i}te okimas^{u}.

Schwierigkeiten ▸▸ 2 *Verständigungsschwierigkeiten*

Yakkai na koto

Ich habe Ihren Namen leider nicht verstanden.
Sumimasen ga o-namae ga yoku kikitoremasen desh^{i}ta.

Und von wo rufen Sie an?
Ima dochira kara des^{u} ka?

Wir sind unterbrochen worden.
Denwa ga kirete shimaimash^{i}ta.

Kein Anschluss unter dieser Nummer.
Kono denwa-bangō wa genzai tsukawarete orimasen.

Eine Nachricht auf Band sprechen

Tēpu ni fukikomu

Hier spricht XY. Meine Nummer ist 06-6215-2431.
XY-des^{u}. Kochira no denwa-bangoo wa zero roku no roku ni ichi go no ni yon san ichi des^{u}.

Würden Sie mich bitte so bald wie möglich / im Laufe des Tages zurückrufen?
Dekirudake hayaku / Kyōjū ni orikaeshi o-denwa onegai shimas^{u}.

Es ist dringend / nicht dringend.
Isogi no you des^{u} kara. / Amari isogimasen.

Das Gespräch beenden

Hanashi o oeru/chūdan suru

Darf ich Sie zurückrufen?
Orikaeshi o-denwa shite mo yoroshii des^{u} ka?

Ich bin gerade in einer Besprechung.
Chōdo kaigichū des^{u}.

Ich habe gleich einen Termin.
Ima sugu apointo ga haitte imas^{u}.

Ich überprüfe das und rufe Sie dann zurück.
Chekku shite orikaeshi o-denwa sashiage mas^{u}.

Also, das wär's dann.
Hai, soredake des^u. Jā.

Danke für die Auskunft / für Ihre Hilfe.
Go-annai / Tasuketekudasatte arigatō gozaimash^ita.

Danke für den Anruf.
O-denwa arigatō gozaimash^ita.

Vielen Dank für Ihren Anruf
Arigatō gozaimash^ita.

Ich bitte Sie, mir gütigst zu helfen.
Yoroshiku o-negai itash^imasu^u

Auf Wiederhören.
Shitsurei itashimas^u.

→ *Die übliche Abschiedsfloskel des Anrufers lautet wörtlich:*

Ich bin unhöflich, dass ich jetzt aufhöre.
Shitsurei itashimas^u.

Amtszeichen	hasshinon
Anruf	denwa
einen Anruf entgegen nehmen	denwa o ukeru
Anrufbeantworter	rusuban denwa
anrufen	denwa o kakeru
auflegen	juwaki o oku
Auskunft	annai
Besetztzeichen	hanashichū no hasshin on
Branchenverzeichnis	shokugyō betsu denwachō
Durchwahl	dairekuto kōru, chokutsū
Einheit / Gebühr	tsūwa kihon ryōkin
Ferngespräch / Ortsgespräch	chōkyori-denwa / shigai-denwa
Gespräch mit Voranmeldung	pāsonaru kōru mōsh^ikomi tsūwa.l
Handy	keitai-denwa
Kartentelefon / Münztelefon	terefon kādo / kōshū denwa
Hörer	juwaki
Leitung	denwa kaisen
Notruf	hijō yobidashi
Rufton	tsūwa on
Telefonbuch	denwa-chō
R-Gespräch	korekutokōru
Telefonist/in	denwa kōkanshu
Telefonkarte	terefon kādo
Telefonnummer	denwa-bangō
Telefonzelle	denwa bokkusu,
Verbindung	setsuzoku
Vermittlung	denwa kōkan
Vorwahl	shigai kyokuban
internationale Vorwahl	kunibetsu kōdo nanbā
Zentrale	denwa kōkanshitsu

Reisevorbereitungen

Was trägt man eigentlich?

Nani o kite iki mas^{u} ka?

Grelle Farben oder auffällige Muster sind in Japan verpönt. Extravagante Kleidung wirkt zwar auffallend, gilt aber nicht unbedingt als geschmackvoll. Sie sind am besten damit bedient, wenn Sie sich für einen Anzug oder ein Kostüm entscheiden. Klassische, eher gedeckte Farben sind empfehlenswert.

Termine – ja oder nein?

Kijitsu o kimemas^{u} ka, kimezu ni aimas^{u} ka?

Wenn Sie auf Nummer Sicher gehen wollen, sind Terminvereinbarungen ratsam. Normalerweise müssen diese jedoch nicht weit im Voraus geplant werden, es sei denn, Ihre Geschäftspartner/innen gehören dem höheren Management an. Teilen Sie gleich mit, welcher Termin Ihnen passt, sagen Sie, worum es geht und wie viel Zeit Sie benötigen.

Einen Termin vereinbaren ▸▸ 3 *Telefonieren*

Hidori o kimeru / Apointo o toru

Ich möchte einen Termin mit Herrn/Frau … vereinbaren.
… san to hidori o kimetai no des^{u} ga.

Darf ich fragen, worum es geht?
Go-yōken o o-ukagai sh^{i}te mo yoroshii de shō ka?

Wann würde es Ihnen passen?
Itsu ga yoroshii de shō ka?

Wie wäre es mit Kalenderwoche 28?
Nijuhachi-shū-me wa ikaga des^{u} ka?

Ich könnte am kommenden Dienstag.
Raishū no ka-yōbi ga tsugō ga ii des^{u}.

Und um wie viel Uhr?
Nan-ji ga yoroshii des^{u} ka?

Sagen wir um 10 Uhr?
Jù-ji ni shimashō ka?

Könnten wir uns nach dem Mittagessen treffen?
Chūshoku go ni aimashō ka?

Ich muss gerade einmal in meinem Kalender nachsehen.
Chotto karendā o mitemimasu.

Das ginge in Ordnung.
Hai, daijōbu desu.

Wollen wir uns hier treffen?
Koko de oai shimashō ka?

Kennen Sie sich hier aus?
Kono hen wa yoku gozonji desu ka?

Ich schicke Ihnen einen Plan.
Chizu o okurimashō.

Dann treffen / sehen wir uns also am 14.
Dewa jūyokka ni aimashō.

Also, dann bis Freitag.
Jā, kin-yōbi made.

Einen Termin verschieben

Kijitsu o enki suru

Nonverbale Möglichkeiten, eine Einladung abzulehnen:
- *gekreuzte Hände : Ablehnung*
- *leicht flache Hand erhoben: Bitte um Entschuldigung*

Wegen unseres Termins …
Oyakusoku no hidori ni tsuite desu ga …

Leider kann ich nun doch den Donnerstag nicht einhalten.
Zannen desu ga yahari moku-yōbi wa dame desu.

Könnten wir das ändern?
Henkō dekimasu deshō ka?

Könnten wir das auf Montag vorziehen?
Getsu yōbi ni hayameru koto wa dekimasu ka?

Leider bin ich dann außer Haus / im Urlaub.
Ainiku kaisha niwa imasen. / Kyūka chū desu.

Ich habe zu der Zeit schon einen anderen Termin.
Sono koro wa mō hokano apointo ga haitte imasu.

Einen Besuch bestätigen

Hōmon o kakunin suru

Ich rufe an, um meinen Besuch am … zu bestätigen.
Watashi no … nichi no onsha hōmon kakunin no denwa o sashiage masu.

Wie komme ich am besten vom Flughafen zu Ihnen?
Kūkō kara dō ikeba ichiban ii deshō ka?

Sie nehmen am besten ein Taxi.
Takushī de iku no ga ichiban des^{u}.

Wir holen Sie ab.
Watashitachi ga omukae ni mairimas^{u}.

Sollen wir für Sie ein Zimmer reservieren?
O-heya o yoyaku shimashō ka?

Wie lange werden Sie bleiben?
Dono kurai gotaizai des^{u} ka?

Wir haben für Sie ein Zimmer im Hotel … reserviert.
Anatasama ni hoteru … no heya o yoyaku shimash^{i}ta.

Herr / Frau … wird Sie um 8.30 Uhr vom Hotel abholen.
… ga hachi-ji han ni hoteru ni o-mukae ni mairimas^{u}.

Einen Flug buchen ▸▸ 5 *Am Flughafen*

Hikōki o yoyaku suru

Ich möchte gerne einen Flug nach … buchen.
…iki no hikooki o yoyaku shitai no des^{u} ga.

Und für wann?
Itsu no bin de shō ka?

Erste Klasse oder Touristenklasse?
Fāsuto-kurasu des^{u} ka, ekonomii (-kurasu) des^{u} ka?

Einfach oder hin und zurück?
Katamichi des^{u} ka, ōfuku des^{u} ka?

Wie ist die Flugnummer?
Furaito nanbā wa nan-ban des^{u} ka?

Abflugzeit / Ankunftszeit
Shuppatsu-jikan / Tōchaku-jikan

Ist das Ortszeit?
Genchi-jikan des^{u} ka?

Ist es dort früher oder später als bei uns?
Watashitachi no tokoro yori hayai des^{u} ka, osoi des^{u} ka?

Ein Hotelzimmer reservieren ▸▸ 6 *Unterkunft*

Hoteru no heya o yoyaku suru

Ich möchte gern ein Zimmer reservieren.
Heya o yoyaku shitai no des^{u} ga…

Für zwei Nächte, und zwar für den dritten und vierten April.
Shi-gatsu mikka to yokka no ni-haku des^{u}.

Einzel- oder Doppelzimmer? Mit Bad oder Dusche?
Shinguru (hitori-beya) des^{u} ka, tsuin (futari-beya) des^{u} ka? Basu tsuki des^{u} ka, shawā tsuki des^{u} ka?

Haben Sie auch Nichtraucherzimmer?
Kinensha-shitsu ga arimas^{u} ka?

Übernachtung mit Frühstück / Halbpension / Vollpension
Chōshoku tsuki/ni-shoku tsuki/san-shoku tsuki shukuhaku.

Was kostet das für eine Nacht?
Hito-ban oikura des^{u} ka?

Hochsaison / Vorsaison / Sonderpreis
Sīzun(saiseiki)/sīzun mae//tokka

Ist das mit Frühstück?
Chōshoku tsuki des^{u} ka?

Ich komme ziemlich spät an.
Kanari osoku natte kara tsuki mas^{u}.

Können Sie bitte das Zimmer für mich freihalten?
Watashi no tame ni sono heya o akete oite kuremasen ka?

Leider muss ich meine Reservierung verschieben / rückgängig machen.
Zannen nagara yoyaku o enki shi/torikesa nakereba narimasen.

Ich komme einen Tag früher / später an.
Ichi-nichi hayaku/osoku tsuki mas^{u}.

Würden Sie das bitte per Fax bestätigen?
Fakkusu deno kakunin o onegai shimas^{u}.

Unterwegs

Schlange stehen ist in Japan eine alltägliche Pflichtübung, die die Japaner diszipliniert über sich ergehen lassen, so dass sich selten jemand vordrängt. Sollte es sich um einen Notfall handeln, entschuldigt man sich und erklärt den Grund. Zur Rush-hour in den U-Bahnen gibt es allerdings ein solches Gedränge, dass nicht mehr auf die Etikette geachtet werden kann.

Entschuldigen Sie bitte, mein Flug geht in wenigen Minuten. Würden Sie mich wohl vorlassen ?
Sumimasen. Watashi no bin wa sūfun de demas^{u}. Saki ni itte mo ii des^{u} ka?

Aber sicher, bitte sehr.
Hai, dōzo.

Tut mir Leid, aber ich habe es selbst eilig.
Sumimasen. Watashi mo isoide iru no des^{u}.

Am Flughafen
Kūkō de

Einchecken ▸▸ 4 *Einen Flug buchen*
Chekku in

Könnte ich bitte Ihren Flugschein sehen?
Kōkū-ken o misete kudasai.

Raucher oder Nichtraucher?
Kitsuen-seki des^{u} ka, kinen-seki des^{u} ka?

Fensterplatz / Gang
Madogawa no seki/Tsūro gawa no seki

Bitte stellen Sie Ihr Gepäck auf das Band.
Beruto no ue ni nimotsu o oite kudasai.

Gibt es noch freie Plätze für einen früheren / späteren Flug?
Hayai / Osoi bin ni mada kūseki ga arimas^{u} ka?

Das ist ein Ticket zum Sondertarif.
Kore wa tokubetsu kakaku no kūkō-ken des^{u}.

Die Buchung kann leider nicht geändert werden.
Zannennagara goyoyaku no henkō wa dekimasen.

Durchsagen
Anaunsu

... Airways Flug Nummer ... nach ...
...kūkō ...iki ...bin

Passagiere für diesen Flug werden zum Flugsteig ... gebeten.
Kono furaito no gojōkyaku wa ...gēto ni okoshi kudasai.

Flug ... ist nun zum Einsteigen bereit.
...bin wa gotōjō junbi ga dekimash^{i}ta.

Bitte halten Sie Ihre Bordkarte bereit.
Gotōjōken o goyōi kudasai.

Passagier ..., gebucht nach ..., wird dringend zum Flugsteig ... gebeten.
...iki ni go-yoyaku no okyakusama shikyū ...gēto made okoshi kudasai.

Sicherheitskontrolle
Anzen kakunin

Ist das Ihr Koffer?
Kore wa anata no sūtsu kēsu des^{u} ka?

Haben Sie ihn selbst gepackt?
Gojibun de pakkingu saremash^{i}ta ka?

Würden Sie bitte Ihre Taschen entleeren?
Poketto o kara ni sh^{i}te kudasai masen ka?

Probleme
Mondai

Ich habe meinen Flugschein verloren.
Kōku´-ken o nakushimash^{i}ta.

Ich habe meinen Flug verpasst. Wann geht der nächste nach ...?
Furaito ni maniaimasen desh^{i}ta. Tsugi no ... ki no bin wa itsu demas^{u} ka?

Mein Koffer war nicht dabei.
Watashi no sūtsu kēsu wa arimasen desh^{i}ta.

Er ist dunkelblau / hellgrün.
Kon/usu midori iro.

Er ist aus Kunststoff / Metall / Leder.
Purasuchikku sei/kinzoku sei/kawa sei des^{u}.

Griff / Träger / Räder
totte / sutorappu / kuruma

Abflug / Ankunft	ririku / chakuriku
Abflughalle	shuppatsu hōru
abheben	ririku suru
Anschlussflug	setsuzoku-bin
Auslands- / Inlandsflug	kokuisai-bin/kokunai-bin
Bodenpersonal	chijō kinmu-in
Bordkarte	tōjōken
Devisennachweis	kawase shōmei
einchecken	chekku in
Einwanderungsstelle	nyūkoku kanrijo

erwartet	tōchaku o matsu
Flug	furaito/bin
Flugbegleiter/in	suchuwādo/suchuwādesu
Flughafensteuer	kūkōzei
Flugsteig	gēto
Flugzeug, Maschine	hikōki, kikai
Gepäck	nimotsu
Handgepäck	tenimotsu
Übergepäckgebühr	jūryōchōka-ryōkin
Gepäckablage	nimotsu ichiji azukarisho
Gepäckausgabe	nimotsu hikiwatashi
Gepäckförderband	tenimotsu berutokobeyā
Gepäckwagen	tenimotsu-sha
Halle	hōru
Hotezimmerreservierung	heya no yoyaku gakari
Landebahn	chakuriku yō kassōro
landen	chakuriku suru
Passkontrolle	pasu kontorōru
Schalter	kauntā
Sicherheitsgebühr	sekyuritī chāji
Sicherheitskontrolle	sekyuritī chekku
steuerfrei	menzei
storniert	torikeshita, kyanseru shita
Terminal	tāminaru
Treffpunkt	machiawase basho
umgeleitet nach	...ni ukai suru
verspätet	okureru
zu verzollen	kazei suru
voraussichtliche Ankunftszeit	yosoku tōchaku jikan
Zoll	zeikan
Zollerklärung	kazeihin shinkoku sho

Passkontrolle und Zoll
Pasukontorōru to zeikan

Ihren Pass, bitte.
Pasupōto o misete kudasai.

Was ist der Grund Ihrer Reise?
Ryokō no mokuteki wa nan des^{u} ka?

Wie lange wollen Sie bleiben?
Taizai-yotei wa dono kurai des^{u} ka?

Wo werden Sie wohnen?
Doko ni taizai saremas^{u} ka?

Haben Sie etwas zu verzollen?
Kazeihin o omochi des^{u} ka?

Bitte öffnen Sie Ihren Koffer.
Dōzo sūtsukēsu o akete kudasai.

Autovermietung

Renta kā

Ich möchte ein Auto mieten.
Kuruma o karitai no des^u ga.

Welchen Fahrzeugtyp / Welche Preisklasse hätten Sie denn gern?
Donna kuruma no taipu / Kakaku kurasu o gokibō des^u ka?

Was kostet das pro Tag / Woche?
Ichi-nichi atari, isshūkan atari ikura des^u ka?

Sondertarif / Wochenpauschale
Tokubetsu ryōkin / isshūkan no sōgaku

unbegrenzte Kilometerzahl
museigen sōkō kyori

Und wenn ich eine Panne habe?
Moshi koshō ga oki tara.

Was deckt die Versicherung ab?
Nani ni hoken ga kikimas^u ka?

Haftpflicht / Vollkasko
Sekinin hoken / kanzen shatai hoken

Muss ich das Auto hier wieder abgeben oder geht das auch anderswo?
Koko de kuruma o hikiwatasanakereba narimasen ka, soretomo betsu no basho de mo ii des^u ka?

Darf ich Ihren Führerschein sehen?
Untenmenkyosho o misete kudasai masen ka?

Könnten Sie mir bitte Ihre Adresse geben?
Watashi ni anata no jūsho o oshiete kuremasen ka?

ständiger Wohnsitz
Teijūsho

Bitte unterschreiben Sie hier.
Koko ni sain shite kudasai.

Diese Kopie ist für Sie.
Kono kopī wa anata-yō des^u.

Hier sind Ihre Schlüssel.
Kore ga anata no kagi des^u.

Er steht draußen auf dem Parkplatz.
Soto no chūshajō ni arimas^u.

Im Straßenverkehr ▸▸ 8 *Nach dem Weg fragen*

Dōro kōtsū

In Japan herrscht Linksverkehr. Die Verkehrszeichen entsprechen dem internationalen Standard. Hinweisschilder mit Ortsbezeichnungen in lateinischer Schrift sind nicht überall anzutreffen.

Straßenkarten, auf denen die Orte in japanischen und lateinischen Schriftzeichen angegeben sind, bekommen Sie beim japanischen Automobilklub. Es empfiehlt sich, die Schriftzeichen auf der Landkarte mit den vorhandenen Hinweischildern zu vergleichen.

Abbiegespur	usasetsu shasen
Ausfahrt	deguchi
Autobahn	kōsokudōro
Benzin	gasorin
Bleifrei	muen
Super	sūpā
Diesel	dīzeru
Brücke	hashi
Einbahnstraße	ippō tsūkō
gebührenpflichtige Brücke / Straße	yūryōkyō/ yūryō dōro
Kreisverkehr	rōtarii
Kreuzung	kōsaten
Parkgebühr	chūsha-ryōkin
Parkhaus	pākingu
Parkplatz	chūsha-jō
Parkschein	chūsha-chiketto
Parkscheinautomat	chūsha-chikettoki

In Japan ist es schwierig, Parkplätze zu finden. Wer falsch parkt, wird abgeschleppt, und die Bußgelder sind sehr hoch (z. B. für 10 min. 15.000 Yen = ca. 300 DM). Sie sollten daher Parkhäuser benutzen, auch wenn Warteschlangen die Regel sind.
Auf Stadtplänen sind Parkplätze, insbesondere in der Nähe von Sehenswürdigkeiten, eingezeichnet.

Rasthof	resuto hausu
Sackgasse	fukuro kōji
Selbstbedienung	self-saabisu
Spur	kuruma ga tōtta ato
Stadtmitte, Zentrum	toshin, chūshingai
Stau	jūtai
Stoßzeit	rasshu-awā
Straße	dōro/shadō
Straßenbauarbeiten	dōro-kōji
Straßenkarte	dōro-chizu
Tankstelle	gasorin sutando

An Tankstellen wird man äußerst zuvorkommend bedient. Der Tankwart füllt Ihnen auf jeden Fall das richtige Benzin ein, die Scheiben werden gewischt, der Aschenbecher geleert, und mit Hilfe des Tankwarts werden Sie wieder in den fließenden Verkehr eingeschleust. Sonntags sind Tankstellen meistens geschlossen.

Tiefgarage	chika chūshajō
Überführung	rikkyō
Überholspur	oikoshi shasen
Umleitung	ukairo

Unfall	jiko
Unterführung	chikadō
Verkehrsschild	kōtsūhyōshiki
Waschanlage	senjō sōchi
Werkstatt	seibi / shūri-kōjō

Öffentliche Verkehrsmittel ▸▸ 8 *Nach dem Weg fragen*

Kōkyōkōtsūkikan

Wie komme ich am besten nach …?
… ni wa dō ikeba ichiban ii des^{u} ka?

Wie komme ich zum Bahnhof?
Eki e wa dō ikeba ii deshō ka?

Welche Linie fährt nach …?
… e wa nan-ban ga ikimas^{u} ka?

Wann fährt der nächste Bus / Zug nach …?
… iki no basu / kisha wa itsu demas^{u} ka?

Wie oft fahren sie nach …?
… e wa nan-kai ikimas^{u} ka?

Wo ist die Bushaltestelle?
Basu sutoppu (basu no teiryūjo) wa doko des^{u} ka?

Können Sie mir bitte sagen, wo ich U-Bahn-Fahrkarten bekomme?
Sumimasen ga chikatetsu no kippu wa doko de utte imas^{u} ka?

Einmal …, bitte.
Ichi-mai onegai shimas^{u}.

Einfach oder hin und zurück?
Katamichi des^{u} ka, ōfuku des^{u} ka?

Fahren Sie nach …?
… e ikimas^{u} ka?

Wie lange dauert das?
Dore kurai kakari mas^{u} ka?

Könnten Sie mir Bescheid geben, wenn wir da sind?
Tuitara oshiete kudasai masen ka?

→ *Wan-man-kā (Bus im Einmannbetrieb): Fahrscheine werden auf zweierlei Weise gelöst:*

→ *In Tokio und in anderen Städten herrschen Einheitspreise. Man bezahlt beim Einsteigen. Rechts neben der Kasse ist ein Wechselautomat, der 100-Yen-Münzen umtauscht.*

→ *Oft berechnen sich die Fahrpreise nach der zurückgelegten Strecke. Man steigt an der hinteren Wagentüre ein und zieht eine Nummernkarte (seiri-ken). Diese Karte zeigt die Tarifzone an, in der man zugestiegen ist. Auf der Anzeigetafel vorne im Bus sieht man, wie viel man beim Aussteigen zu zahlen hat.*

Ich habe kein kleines Geld. Wo kann ich das Geld wechseln?
Kozeni ga arimasen. Doko de kaerare mas^{u} ka?

Drüben, neben dem Fahrer, ist ein Wechselautomat.
Asoko des^{u}. Untenshu no soba ni jidōkōkanki ga arimas^{u}.

abfahren	shuppatsu suru, deru
ankommen	tōchaku suru, tsuku
Bahnhof	eki
Bus	basu
Busfahrer/in	basu no untenshu, doraibā
Bushaltestelle	teiryūjo, basu sutoppu
Eisenbahn	tetsudō
Endstation	shūchaku eki
Fahrkarte	kippu
einfach(e Fahrt)	katamichi kippu
Fahrkartenautomat	kippu jidō hanbaiki
Rückfahrkarte	ōfuku jōshaken
Fahrkartenverkaufsstelle	kippu uriba
Fahrplan	jikoku hyō
Fahrt	tabi
Gleis	puratto fōmu
Reiseziel	ikisaki, mokuteki-chi
S-Bahn	klanjō-sen, toden
Straßenbahn	shiden, toramu
U-Bahn	chikatetsu
umsteigen	norikaeru
Zug	kisha
durchgehender Zug	chokutsū-ressha
Hochgeschwindigkeitszug	shinkansen
Schnellzug	kyūkō-ressha
Zugführer/in	untenshu
Zuschlag	warimashi-ryōkin

Taxi

Takushī

In Japan fahren unzählig viele Taxen. Doch wenn Sie eins brauchen, sind sie besetzt. Bestellen Sie es deshalb vor der Fahrt per Telefon. Sie dürfen allerdings nicht erwarten, mit dem Taxi schneller ans Ziel zu kommen als mit öffentlichen Verkehrsmitteln,.

In unvorhergesehenen Fällen können Sie natürlich ein Taxi heranwinken, indem Sie die ausgestreckte flache Hand im Handgelenk von oben nach unten bewegen (▸▸ 1 „Gestik“). Anders geartete Gesten könnten missverstanden werden. Mit dem ausgestreckten Zeigefinger zu sich herwinken gilt in Japan als ausgesprochen unhöflich.

→ *Eine Besonderheit für Ausländer: Taxitüren springen automatisch auf und gehen automatisch zu. Der Gast kann die Tür auch zur linken Seite hin, also zum Bürgersteig, weder öffnen noch schließen, er muss warten, bis sie ihm geöffnet wird.*

→ *Wenn Sie mit japanischen Geschäftspartern unterwegs sind, sollten Sie (wie überall) auf die Rangordnung der Personen achten. Der Ranghöchste sitzt hinter dem Fahrer und steigt als erster ein und als letzter aus. Der Rangniedrigste sitzt neben dem Fahrer.*

Japan:

Deutschland:

→ *Falls Sie alleine unterwegs sind, sollten Sie sich neben den Fahrer setzen.*

Japan:

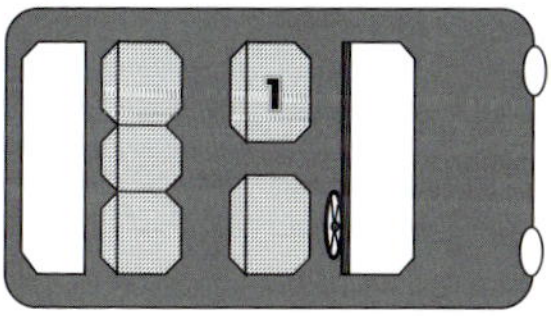

Deutschland:

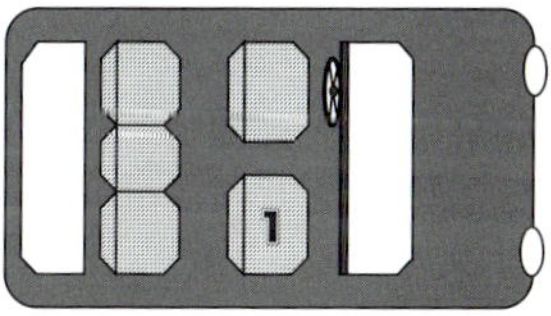

••→ *In Japan werden Hausnummern nicht nach der Lage in einer Straße vergeben, sondern in der Reihenfolge der Baugenehmigungen. Daher kennen sich eigentlich nur Briefträger aus.*
Es ist empfehlenswert, sich die gesuchte Adresse immer auf japanisch aufschreiben zu lassen bzw. eine japanische Visitenkarte bereitzuhalten, auf deren Rückseite meist ein Ministadtplan aufgedruckt ist. Auch Taxifahrer können sich mit einem solchen Lageplan besser zurechtfinden.

Können Sie mir sagen, wo der nächste Taxistand ist?
Moyori no takushī-noriba wa doko des^{u} ka?

Ich möchte gern ein Taxi für 15 Uhr bestellen.
Gogo san-ji ni takushī o yobitai no des^{u} ga.

Möchten Sie lieber einen großen Wagen oder einen kleinen?
ōgata-sha ga ii des^{u} ka, kogata-sha ga ii des^{u} ka?

Rufen Sie bitte einen großen Wagen, da wir zu fünft sind.
Go-nin des^{u} kara ōgata-sha o onegai shimas^{u}.

Können Sie bitte so schnell wie möglich ein Taxi zur/zum … schicken?
Sugu …ni takushī o yonde kuremasen ka?

Sind Sie frei?
Aitemas^u ka?

Zur … / Zum …, bitte.
… e onegai sh^{i}mas^u.

Ich habe es eilig.
Isoide imas^u .

Können Sie mir unterwegs etwas von der Stadt zeigen?
Tochū machi o sukoshi annai sh^{i}te kuremasen ka?

Was macht das, bitte?
Oikura des^u ka?

Ich hätte gern eine Quittung.
Ryōshūsho o onegai shimas^u.

Trinkgelder für Taxifahrer sind in Japan nicht üblich. Sie zahlen genau den Betrag, den das Taxameter anzeigt.

Unterkunft

Auch in Japan gibt es die international bekannten Hotelketten. Sie entsprechen in Ausstattung und Preisen dem Gewohnten. Außerdem gibt es in jeder größeren Stadt sogenannte Business-Hotels. Sie sind spartanisch im westlichen Stil eingerichtet und verlangen niedrigere Preise. Doch sollten Sie es nicht versäumen, einmal in einem der traditionellen Gasthäuser (ryokan) zu übernachten, die es sowohl in feudalen, als auch in rustikalen Varianten gibt.

Anmeldung ▸▸ 4 *Ein Hotelzimmer reservieren*

Chekku in

Ich habe ein Zimmer für zwei Nächte reserviert.
Hitoheya nihaku-mikka o yoyaku shimash^{i}ta.

Unter welchem Namen bitte?
Dochira-sama no onamae de des^{u} ka?

Das ist Zimmer 328, in der dritten Etage.
San-gai no san-byaku-ni-jū hachi-gō shîisu des^{u}.

Frühstück gibt es von 7 Uhr bis 9.30 Uhr.
Chōshoku wa shìchi-ji kara ku-ji han made des^{u}.

Angenehmen Aufenthalt.
Dōzo goyukkuri okutsurogi kudasai mase.

Ich möchte noch eine Nacht verlängern.
Mō ippaku nobash^{i}tai n des^{u} ga.

Wir müssen Ihnen dann ein anderes Zimmer geben.
Ainiku des^{u} ga, hokano heya ni otomari negaimas^{u}.

Wir sind leider ausgebucht.
Sumimasen, ainiku zensh^{i}tsu yoyakuzumi de gozaimas^{u}

Können Sie ein anderes Hotel in der Nähe empfehlen?
Kono chikaku ni hoteru wa arimasen ka?

Das „Hospitality Tray"

Japanische Hotels bieten dem Gast die Möglichkeit, Tee auf dem Zimmer zuzubereiten. Außerdem steht Ihnen in jedem Zimmer ein Yukata als Hausmantel und Nachthemd zur Verfügung. Selbst Zahnpasta und Zahnbürste stellt das Hotel bereit.

Hotelfrühstück ▸▸ 7 *Gastronomie*

Hoteru no chōshoku

Neben einem westlichen Frühstück (Kaffee, Tee, gekochtem Ei oder Spiegelei, Schinken, Konfitüre, Toastbrot und frischem Salat) kann man auch ein japanisches Frühstück (gekochter Reis, Misosuppe (Sojabohnensuppe), ein rohes Ei, Nori (Seetang), getrockneten Fisch usw.) bekommen.

Brot	pan
Toastbrot	tōsuto pan
Butter	batā
Ei	tamago
gekochtes Ei	ninuki tamago
Rührei	yōfū iritamago
Spiegelei	medama yaki
Rohes Ei	nama -tamago
Fruchtsaft	furūtsu jūsu
Honig	hachimitsu
Joghurt	yōguruto
Kaffee	kōhī
schwarzer Kaffee	burakku kōhī
Kaffee mit Milch	miruku iri kōhī
Käse	chīzu
Frischkäse	nama chīzu
Konfitüre	jamu
Milch	gyūnyū, miruku
Müsli	myuzurī
Scheibe	...o ...mai
Schinken	hamu
Schinkenspeck	bēkon
Stück	...o ...ko
Tee (grüner)	ocha
(schwarzer)	kōcha
Wurst	sōsēji
Zucker	satō

Eingelegtes Gemüse	tsukemono
Essstäbchen	(o)-hashi
Gegorene Sojabohnen	nattō
Gekochter Reis	gohan
Kuchen	kēki
Omelett	omuretsu
Seetang	nori
Sojakäse	tōfu
Suppe aus Sojabohnenpaste	miso-shiru

Fragen und Bitten

Toi to onegai

Haben Sie eine Nachricht für mich?
Watashi ate ni messēji ga haitte mas^{u} ka?

Würden Sie mich bitte um 8 Uhr wecken?
Mōningukōru o hachi-ji ni onegai shimas^{u}.

Können Sie mir ein Taxi für 9.30 Uhr bestellen?
Ku-ji han ni takushī o onegai shimas^{u}.

Was kostet eine Telefoneinheit?
Denwa ittsū ikura des^{u} ka?

Wie bekomme ich ein Amt?
(Denwa)setsuzoku wa dō sureba yoroshii des^{u} ka?

Könnten Sie mir einige Fotokopien machen?
Kopī o ni-san-mai onegai dekimasen ka?

Kann ich von hier aus ein Fax senden?
Koko kara fakkusu ga okuremas^{u} ka?

Hätten Sie bitte einen Stadtplan für mich?
Kono machi no chizu ga arimas^{u} ka?

Wann schließt das Restaurant?
Resoturan wa itsu shimarimas^{u} ka?

Gibt es hier (einen Friseur) in der Nähe?
Kono chikaku ni sanpatsu-ya *(Herren)* / Pāma-ya *(Damen)* ga arimas^{u} ka?

Probleme

Mondai

Die elektrische Spannung beträgt 100 Volt. Rasierapparate, die man auf 110 Volt umschalten kann, funktionieren einigermaßen.

Die Steckkontakte entsprechen nicht der europäischen Norm. Man braucht einen Vorsatzstecker. Will man in Japan seine elektrischen Geräte benutzen, kann man dies mit Hilfe eines Transformators tun.

Ich glaube, ich habe meinen Zimmerschlüssel verloren.
Heya no kagi o nakushite shimai mashita.

Ich hätte gern ein anderes Zimmer.
Hoka no heya ni kaete hoshii no des^{u} ga.

Mein Zimmer ist zu laut / klein.
Watashi no heya wa yakamashisugi mas^{u}/chiisasugi mas^{u}.

Es ist nicht (richtig) sauber gemacht worden.
Watashi no heya wa sōji ga dekite imasen/ikitodoite imasen.

Die Heizung funktioniert nicht.
Hītā ga koshō shite imas^{u}.

Könnte ich noch eine Decke bekommen?
Mōfu o mō ichi-mai moraemasen ka?

Fernsehapparat funktioniert nicht.
Terebi ga tsuki masen.

Der Wasserhahn im Bad tropft.
Ofuruba no mizu ga morete imas^{u}.

Die Toilettenspülung ist defekt.
Toire no suisen ga koshō shite imas^{u}.

Ich möchte bitte den Manager sprechen.
Manējā o yonde kudasai.

Adapter	adaputār
Aschenbecher	haizara
Aufzug	erebētā
Bad	yokushitsu

Wenn Sie im ryokan (oder in einem öffentlichen Badehaus) ein Bad nehmen wollen, waschen Sie sich zuerst außerhalb der Badewanne von Kopf bis Fuß. Dann gießen Sie sich Wasser über den Kopf, bis der Seifenschaum vom Körper gespült ist. Erst dann darf man sich in die Wanne setzen, die so tief ist, dass das Wasser bis zum Kinn reicht. Will man das Bad beenden, übergießt man sich außerhalb der Badewanne wieder mit Wasser. Ziehen Sie nach Verlassen der Badewanne nie den Stöpsel.

Bademantel	basurōbu / gaun
Badematte, Vorleger	basumatto
Badewanne	basutabu, yokusō
Bett	beddo
Einzel- / Doppelbett	singuru / daburu beddo
Einzelbetten	tsuin beddo
bügeln	airon o kakeru
Dusche	shawā
Duschvorhang	shawā yō kā ten
Empfangspersonal	furonto gakari, uketsuke gakari
Etage, Stock(werk)	kai
Fernseher	terebi
Fitnessraum	fittonesu sentā
Fön	heyā doraiyā
Frühstück	chōshoku
Frühstücksbüfett	chōshoku yō byuffe
Frühstücksraum	chōshoku yō shokudō
Gesellschaftsraum	robī
Hallenbad	pūru
Handtuch	taoru
Kleiderbügel	hangā
Kleiderschrank	yōfuku dansu
Klimaanlage	kūrā

Kommode	todana
Konferenzraum	kaigi-shitsu
Kopfkissen	makura
Kopfkissenbezug	makura kabā
Laken	shītsu
Lichtschalter	suicchi
Matratze	matto
Minibar	minibā
Nachtportier	yakin furonto
Nachttischlampe	naitotēburu yō ranpu
Parkplatz	chūsha jō
Radiowecker	mezamashi rajio
Rezeption	uketsuke, resepushon
Safe, Tresor	anzenkinko
Sauna	sauna
Spiegel	kagami
Steckdose	konsento
Stecker	puragu
Steppdecke, Federbett	hanebuton
Stöpsel	sen
Stuhl	isu
Teppich	jūtan
Toilette	toire, otearai, benjo
Unterkunft	yado
Waschbecken	senmendai
Wäscheservice	kurīningu
Wertsachen	kichōhin
Zimmer	heya, rūmu
Einzel- / Doppelzimmer	singuru-, hitori-beya / daburu-, futari-beya
Zimmermädchen	meido

Abreise
Chekku auto

Bis wann muss man das Zimmer räumen?
Nan-ji made ni heya o akenakereba narimasen ka?

Ich hätte gern die Rechnung.
Okanjō o onegai shimas^{u}.

Hatten Sie etwas von der Minibar?
Minibā kara nanika nomare mash^{i}ta ka?

Das wären also zwei Nächte plus Telefonanrufe.
Ni-haku no shukuhaku-hi to denwa-ryōkin des^{u} ne.

Für die Anrufe hätte ich gern eine gesonderte Rechnung.
Denwa-ryōkin wa betsu no resīto o onegai shimas^{u}.

Wie möchten Sie bezahlen?
Oshiharai wa dō nasaimas^{u} ka?

Bar, bitte. / Mit Kreditkarte / Scheck.
Genkin de. / Kurejittokādo de. / Kogitte de.

Wenn Sie hier bitte unterschreiben wollen ...
Koko ni sain sareru no deshitara...

... und Ihre Quittung.
Sore ni ryōshūsho des^{u}...

Kann ich mein Gepäck hier für einige Stunden unterstellen?
Ni san-jikan watashi no nimotsu o koko ni azukete- mo ii des^{u} ka?

Gastronomie ▸▸ 15 *Essen mit Geschäftspartnern*

Reservierung
Yoyaku

Wie auch in anderen Ländern hat das Geschäftsessen am Abend einen hohen Stellenwert. Auf Grund der großen Bedeutung freundlicher Beziehungen zu allen Geschäftspartnern wird man Sie bereits einige Male bewirtet haben, ehe überhaupt die geschäftlichen Vorgespräche beginnen. Oft wird im Restaurant statt einem Tisch ein Zimmer reserviert, damit man ungestört essen und sich unterhalten kann.

Ein Zimmer für 2/4 Personen, bitte.
Futari/yo-nin yō no heya o onegai shimas^{u}.

Bitte hier entlang.
Dōzo kochira e.

Ich habe ein Zimmer für acht Uhr reserviert.
Hachi-ji ni isshitsu yoyaku shimashita.

Auf welchen Namen, bitte?
Dochira-sama no onamae de des^{u} ka?

Die Sitzordnung bei einem Essen ist streng hierarchisch geregelt. Der Ehrengast sitzt im Allgemeinen am weitesten von der Tür entfernt. Gäste sollten an der der Tür gegenüber liegenden Seite sitzen, während der Gastgeber die Tür im Rücken hat.

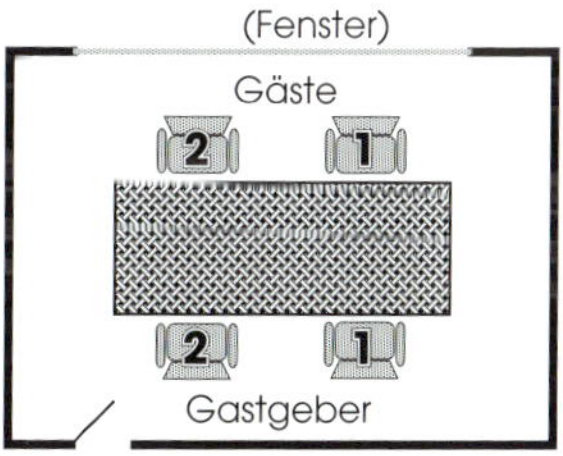

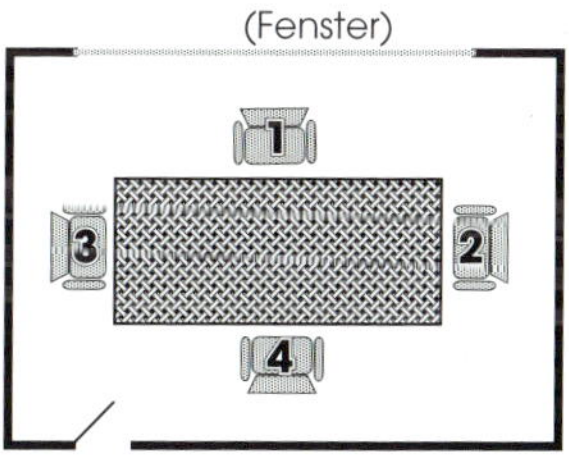

Das Essen
Shokuji

Japanische Restaurants sind meist auf wenige Gerichte spezialisiert. Im Schaufenster steht das Sortiment in Wachsnachbildung. Speisekarten im gewohnten Sinne gibt es nicht. Bestellen kann man, indem man auf die einem zusagende Attrappe deutet. Sie sagen entweder Kore o kudasai *(„Bitte dieses da") oder Sie nennen die Nummer des gewünschten Gerichtes.*

Bestellen

Chūmon

Was können Sie mir empfehlen ?
Osusumehin wa nan des^u ka?

Ich hätte gerne ...
...o onegai shimasù.

Bitte kommen Sie mit, ich zeige Ihnen, was wir essen möchten.
Nani ga tabetai no ka omise shitai node ishho ni kite kudasai.

Wir haben leider kein/e ... (mehr).
Sumimasen, ...wa mō urikire mash^ita.

Dieses Gericht servieren wir nur auf Vorbestellung.
Kono oryōri wa gochūmon nomi ni kagirasete itadaite orimas^u

Wie hätten Sie das Steak gern?
Sutēki wa donoyō ni oyaki sh^imashō ka?

blutig / medium / durch(gebraten)
namayake / chūkurai / yokuyaitano ni sh^ite kudasai.

Was wollen Sie trinken?
o-nomimono wa nani ni itashimashō ka?

Bitte ein Glas ...
... o ippai onegai shimas^u.

Bitte eine Flasche ...
... o ippai onegai shimas^u.

Bitte bringen Sie noch einen Teller / Glas.
Mō hitosara / Koppu mō hitotsu onegai shimas^u.

Haben Sie noch einen Wunsch?
Nanika hokani gochūmon ga gozaimas^u ka?

Bitte bringen Sie uns ...
... o motte kite kudasai.

→ *Bei Tisch erhält der Gast zuerst ein Oshibori, ein heißes feuchtes Tuch. Es dient der Reinigung der Hände und des Gesichts. Vor dem Essen sagt man Itadakimasu („Ich nehme die Gottesgabe" (= Reis)). Man sagt es nicht zu anderen, sondern zu sich selbst beziehungsweise den schintoistischen Göttern. Und nach dem Essen Gochisō sama deshita („Es war ein Festmahl").*
Japanisches Essen wird in verschiedenen Schalen und Tellerchen serviert. Sie brauchen nicht alles aufzuessen, jedoch gilt es als schicklich, zumindest die Reisschale zu leeren.

Beachten Sie beim Essen mit Stäbchen folgende Regeln:

→ *Die Stäbchen nie senkrecht in die Reisschale halten: so opfert man den Toten*

→ *Die Stäbchen nie mit der Faust umfassen und im Reis herumstochern: das wirkt aggressiv*

- *Die Reisschale nicht an den Mund nehmen, um mit den Stäbchen Reis einzuschaufeln*
- *Nicht mit den Stäbchen in der Schale malen*
- *Speisestücke nicht mit den Stäbchen aufspießen*
- *Die Spitzen der Stäbchen nicht ablecken oder auf ihnen herumkauen*
- *Die Stäbchen nicht auf der Schale ablegen*
- *Nicht mit den Stäbchen an die Schale oder ein Glas klopfen, um damit jemanden zu rufen*

Zubereitungsarten

Chōri hōhō

gebacken	yaketa
gebraten	yaketa
gedämpft	mushìta
gedünstet	mushìta
gekocht	yudeta
geräuchert	kunsei no
geröstet	itta
gefüllt	tsumeta
roh	nama

Typische japanische Gerichte

Washoku no menyū

Ein japanisches Essen besteht aus: einer Schale Reis, einer Schüssel Miso-Suppe (aus Soja-Paste zubereitet), Tsukemono (in Salz eingelegtes Gemüse), einer oder mehrerer Sorten Gemüse, einer meist kleinen Portion Fisch oder Fleisch und einer Schale grünen Tees.

- *Sashimi: In Scheiben geschnittener roher Fisch, der mit Rettich und Wasabi (jap. Meerrettichpaste) serviert wird. Man streicht ein wenig Wasabi auf das Fischstück und taucht es in Sojasauce ein.*
- *Shabushabu: In kochender Brühe werden dünn geschnittene Rindfleisch- und Gemüsescheiben kurz gegart. Dazu werden Soßen aus Zitrone, Soja, Sesam usw. gereicht.*
- *Sukiyaki: Berühmtes Rindfleischgericht, das unmittelbar am Esstisch gebraten und gekocht wird. Man gart Rindfleisch, Tofu, Lauch, Glasnudeln, Shiitake-Pilze usw. in einer speziellen Brühe und tunkt es vor dem Essen in rohes Ei.*
- *Sushi: Berühmte japanische Reishäppchen. Mit Essig gesäuerter Reis wird mit ein wenig Wasabi (jap. Meerrettichpaste) bestrichen und mit rohem Fisch belegt. Sushi werden immer als Hauptspeise*

gegessen. Vor dem Essen in Sojasauce eintunken, die oft mit Wasabi geschärft wurde. Es gibt unzählige Varianten von Sushi.

→ Tempura: Gemüse, Fisch und Fleisch werden mit Teig paniert und in Öl fritiert. Dazu werden Dipsoßen gereicht.

→ Yakitori: Grillspieße vom Huhn. Die Spieße werden nach dem Grillen in eine auf Soja basierende Soße getaucht und über Holzkohle nachgegrillt.

→ Kaiseki-ryōri: Die Kaiseki-Küche hat eher den Charakter eines Spieles, einer Stilübung, bei der der Gastgeber versucht, den schönsten Effekt mit den denkbar einfachsten Mitteln zu erreichen. Aus diesem Grund nimmt man zum Würzen lieber wild wachsende Kräuter und Pflanzen als solche aus einem Kulturgarten. Ein Fisch z.B. wird kunstvoll zerlegt und seine Teile werden typgerecht und phantasievoll zubereitet.

Menyū — Speisekarte

Niku	**Fleisch**
buta	Schwein
gyūniku	Rind
hamu	Schinken
hire-niku	Filet
hitsuji no niku	Hammel
inoshishi no niku	Wildschwein
koushi no niku	Kalb
minchi	Hackfleisch, Gehacktes
rēbā	Leber
shika no niku	Reh
sōsēji	Wurst
supea ribu	Rippchen
tonkatsu	Schnitzel
usagi	Kaninchen

Nach buddistischer Tradition sind Japaner nicht sehr mit Fleischgerichten verbunden. Jedoch besteht ein zunehmender Trend zum Verzehr von Rindfleisch, Schweinefleisch und Hühnerfleisch. Fleisch vom Pferd, Lamm und Reh gelten als exotische Spezialitäten. Die Tiere werden für Restaurants der gehobenen Klasse extra gezüchtet. Achtung! In der Präfektur NARA gilt ein Reh als heilig. Sie dürfen Rehe füttern, doch niemals verzehren!

Tori niku	**Geflügel**
kamo	Ente
sasami	Brust
shichimenchō	Pute
tori-niku	Hähnchen

Sakana	**Fisch**
aji	Rossmarkrele
ayu	endemischer Lachs
buri	Gelbschwanz
ebi	Krabben
hirame	Seezunge
ika	Tintenfisch
kai	Muscheln
kaki	Austern
karei	Scholle
kawakamasu	Hecht
kujira	Walfisch
maguro	Thunfisch
masu	Forelle
nishin	Hering

peruka	Barsch
robusutā	Hummer
saba	Makrele
sake	Lachs
shīfūdo	Meeresfrüchte
shishamo	Stint
tai	Meerbrasse
tako	Polyp
tara	Kabeljau
unagi	Aal

Yasai	**Gemüse**
abokado	Avocado
aka kyabetsu	Rotkohl
asuparagasu	Spargel
burokorī	Brokkoli
endōmame	Erbsen
gobō	Schwarzwurzel
jagaimo	Kartoffel
karifurawā	Blumenkohl
kome	Reis
konnyaku	geratinartige Masse aus Aronstab-knollen
kyabetsu	Kohl
kyūri	Gurke
mame	Bohnen
mekyabetsu	Rosenkohl
moyashi	Sojakeime
nasubi	Aubergine
negi	Lauch
ninjin	Karotten
ninniku	Knoblauch
pīman	Paprika
sarada	Salat
gurīn sarada	grüner Salat
mikkusu sarada	gemischter Salat
hōrensō	Spinat
satsumaimo	Süßkartoffeln
shiitake	japanischer Edelpilz
takenoko	Bambussprosse
tamanegi	Zwiebel
tōfu	Sojakäse
tomato	Tomate
tōmorokoshi	Mais
yamaimo	Jamswurzel
zukkīni	Zucchini

Dezāto	**Nachspeisen**

Eine klassische Dessertkultur gibt es in Japan nicht. Als Abschluss einer Mahlzeit wird grüner Tee serviert, dazu kann süßes Gelee gereicht werden. Das Gelee wird bei Teezeremonien (oft am späten Nachmittag) zuerst angeboten, da der Tee matscha, d.h. bitter ist.
Japanischer Tee ist nicht fermentiert und wird nicht mit kochendem, sondern mit heißem (95°C-90°C) Wasser zubereitet. Wer mit Tee nicht zufrieden ist, sollte zu leichtem Obst der Saison greifen, z.B. Clementinen, japanischen Birnen, Kaki oder Erdbeeren.

aisu kurīmu	Eiskrem
āmondo	Mandel
kurumi	Walnuss
pīnatsu	Erdnuss
remon	Zitrone
shābetto	Sorbet
anzu	Aprikose
banana	Banane
budō	Weintrauben
frūtsu sarada	Obstsalat
ichigo	Erdbeeren
kēki	Kuchen
kīwui	Kiwi
kudamono	Obst
momo	Pfirsich
nashi	Birne
orange	Apfelsine
painappuru	Ananas
raspberries	Himbeeren
ringo	Apfel
sakuranbo	Kirsche
suika	Wassermelone

Getränke
Nomimono

Alkoholische Getränke
Arukōru inryō

Das alkoholische Nationalgetränk der Japaner ist Sake. Es wird warm getrunken – 50 °C ist die optimale Trinktemperatur. Im Sommer wird aber auch kaltes Bier getrunken. Wein gilt als ausländisches Edelgetränk, wird aber zunehmend auch im eigenen Land produziert.
Bei geselligen Zusammenkünften wird gerne gesungen und das Glas stets nachgefüllt. So Mancher verliert dabei den Überblick

über die bereits getrunkene Menge. Ihr Nachbar wird Ihnen stets nachfüllen und erwartet, dass auch Sie ihm nachschenken. Beim Abschied können Sie jedoch ohne Bedenken ein volles Glas stehen lassen.

bīru	Bier
Kuro-bīru	dunkles Bier
(futsū no)Bīru	helles Bier
non arukōru bīru	alkoholfreies Bier
sake	Reiswein
shōchū	Schnaps
umeshu	Pflaumenwein
wain	Wein
karakuchi / amakuchi	trocken / lieblich
aka / shiro / roze	rot / weiß / rosē
Hotto wain	Glühwein
shanpen	Sekt
shokuzenshu	Aperitif
kakuteru	Cocktail, Mixgetränk
burandē	Weinbrand
sherī	Sherry
pōto wain	Portwein
pōto wain	Portwein
uisu	Whisky
moruto uisukī	Malt whisky
mizuwari uisukī	mit Wasser verdünnter Whisky

Alkoholfreie Getränke
Nonarukōru dorinku

jūsu	Saft
mineraru uōtā	Mineralwasser
gasu iri / gasu nuki	mit / ohne Kohlensäure
kōhī	Kaffee
miruku iri / burakku	mit Milch / schwarz
aisu kōhī	Eiskaffee
esupuressō	Espresso
o-cha	grüner Tee
kō-cha	schwarzer Tee
ūron-cha	Oolong-Tee
aisu tī	Eistee
remonēdo	Limonade
orenji-jūsu	Orangensaft
appuru-jūsu	Apfelsaft
miruku/gyūnyū	Milch
miruku-sēki	Milchshake

Bedienung, Tischgedeck

Sābisu

Gabel	fōku
Glas	gurasu
Kellner/in	uētā/uētoresu
Küchenchef	shefu/ryōri-nin gashira
Löffel	supūn
Messer	naifu
Oberkellner/in	kyūji-chō/bōi-chō
Öl und Essig	oiru to su
Salz und Pfeffer	shio to koshō
Schüssel	bōru
Senf	karashi
Meerrettich *(jap. Farbe:grün)*	wasabi
Sojasauce	shōyu
Speisekarte	menyū
Tasse	o-chawan/kappu
Untertasse	ukezara
Teller	o-sara
Tisch	tēburu
Tischdecke	tēburukurosu

Bitten und Beschwerden

Tanomi to kujō

Könnten Sie mir bitte…
… kuremasen ka?

Könnten Sie mir bitte (noch) etwas Reis bringen?
Mō sukoshi gohan o motte kite kuremasen ka?

Könnte ich bitte ein Paar neue Stäbchen haben?
Atarashii ohashi o mō hitotsu onegai shimas^{u}.

Entschuldigen Sie bitte, ich warte immer noch auf mein Steak.
Sumimasen, mada sutēki ga kimasen ga…

Das ist aber völlig verkocht / nicht durchgebraten.
Kore wa sukkari nikuzureteimas^{u}. / Jūbun ni yaketemasen.

Das hatte ich nicht bestellt.
Sore wa chūmon shiteimasen ga.

Stört es Sie, wenn ich rauche?
Tabako o sutte mo kamaimasen ka?

Ich möchte bitte den Geschäftsführer sprechen.
Tenchō o yonde kudasai. Hanashi ga arimas^{u} kara.

Bezahlen
Okanjō

Nach einem Essen bezahlt normalerweise der Ältere oder der Einladende. Wenn Gleichaltrige beisammen sind, wird die Gesamtsumme durch die Anzahl der Personen geteilt und jeder bezahlt seinen Anteil.

Wer nach einem Geschäftsessen bezahlt, hängt vom Verhältnis der Firmen ab. Ein Kunde wird meistens eingeladen.

Japaner sehen sich eine Rechnung nicht näher an. Man kann davon ausgehen, dass der Betrag in den allermeisten Fällen stimmt. Trinkgeld ist nicht erforderlich.

Ich möchte bitte zahlen.
o-kanjō onegai shimasu.

Heute lade ich Sie ein.
Kyō wa watashi no ogori desu.

Ich hätte gern eine Quittung.
Ryōshūsho o onegai shimasu.

Pubs, Bars und Karaoke
Kurabu to bā to karaoke

Im japanischen Geschäftsleben spielt geselliges Beisammensein nach der Arbeit eine bedeutende Rolle. Erst wird eine sportliche Trainingsstunde absolviert, etwa im firmeneigenen Kendoklub, und anschließend versammelt man sich in einer Bar oder einem Pub, um den Flüssigkeitsverlust auszugleichen und um den Zusammenhalt der Gruppe zu stärken. Man glaubt unter Alkohol offener die eigene, vom Standpunkt der Gruppe abweichende Meinung äußern zu können, ohne dabei sein Gesicht zu verlieren. Als Gast können Sie die Gelegenheit nutzen, die Meinungsbildung in der Gruppe zu beeinflussen, doch halten Sie sich gut im Zaume.

Der Besuch von Karaoke-Bars (Karaoke - „reines Orchester") bietet die Möglichkeit, nicht nur sich selbst, sondern auch die Freunde und Kollegen zu unterhalten. Wenn Sie eingeladen werden, können Sie durch eine überzeugende künstlerische Darbietung enorme Sympathien gewinnen.

Diese Runde geht auf mich. Was möchten Sie?
Tsugi wa watashi no ogori desu.

Ein großes Dunkles, bitte.
Kurobīru daijokki o onegaishimasu.

Nicht für mich, bitte. Ich muss noch fahren.
Mō kekkō desu. Untenshinakereba narimasen node.

Zum Wohl! / Prost!
Kanpai!

Wenn man mit Freunden oder Geschäftspartnern in eine Bar geht, so trinkt man oft nur ein Getränk, um dann in die nächste Bar weiterzuziehen. Japaner nennen das Hashigozake.

→ In japanischen Großstädten Adressen zu finden, ist gar nicht so einfach. Nicht etwa wegen Sprachschwierigkeiten, sondern wegen fehlender Straßennamen. Die Nummern an den Häusern bezeichnen nicht die Reihenfolge in der Straße, sondern die Reihenfolge, in der die Häuser gebaut wurden. Eine japanische Adresse besteht aus der Angabe

→ der Präfektur,
z. B. kanagawa-ken,

→ der Stadt,
z. B. Tokio-to oder Kioto-fu,

→ des Stadtbezirks,
z. B. kita-ku,

→ des Stadtunterbezirks,
z. B. hon-machi/chō,

→ und schließlich der Nummer innerhalb des Viertels,
z. B. 106-banchi".

→ Für Ortsfremde ist es ratsam, sich an einen Postboten oder einen Polizisten zu wenden. Die Einwohner orientieren sich im Alltag eher an markanten Gebäuden und achten nicht auf Hausnummern.

Nach dem Weg fragen
Michi o kiku

Entschuldigen Sie bitte, …
Sumimasen ga …

… wo ist der/die nächste …?
… ichi-ban chikai … wa doko des^u ka?

… gibt es (eine Post) in der Nähe?
… kono chikaku ni (yūbinkyoku) ga arimas^u ka?

Können Sie mir sagen, wie ich nach … komme?
… e wa dō ikeba ii des^u ka?

… wie komme ich am besten von hier nach …?
… ni wa koko kara dō ittara ichi-ban ii des^u ka?

Gehen / Fahren Sie geradeaus.
Massugu itte kudasai.

… bis zum Ende der Straße.
… tōri no owari made.

Kreuzung / Kurve / Ampel / Kreisverkehr.
Kōsaten / Kābu / Shingō / Rōtarī deno junkan kōtsū.

Biegen Sie die erste / zweite Straße links / rechts ab.
Hajimeno / Nibanme no tōri o hidari / migi ni magatte kudasai.

Auf der rechten/linken Seite
Migi-gawa / Hidari-gawa

Und dann ist es das dritte Gebäude links.
Sorekara mittsu-me no tatemono no hidari-gawa desu.

an der Ecke / neben dem Supermarkt
kado ni / sūpā no tonari ni

gegenüber der Bank
ginkō no mukai

vor / hinter der Brücke
hashi no mae / ushiro

Sie können es nicht verpassen!
Sore o misugosu koto wa arimasen!

Gebäude und öffentliche Einrichtungen
Tatemono to kōkyōshisetsu

Apartmenthaus	apāto
Botschaft	taishikan
Bürgersteig	hodō
Bürogebäude	jimusho
Fußgängerzone	hokōsha senyō kuiki, hokōsha tengoku
Gebäude	tatemono
(Einfamilien)Haus	ikkodate
Hochhaus	kōsōbiru
Industrie- und Handelskammer	shōkō kaigisho
Kaufhaus	depāto
Konsulat	ryōjikan
Laden	mise
Messegelände	mihonichi kaijō
Ministerium	shō
Park	kōen
Parkhaus	pākingu biru
Parkplatz	chūsha-jō
Polizeirevier	kankatsu no keisatsusho
Rathaus	shichōsha, machi-yakuba, mura-yakuba
Straße	tōri, dōro
Tiefgarage	chika-chūshajō
(öffentliche) Toilette	kōshū benjo

Vorort	kōgai
Wohnung	ie, uchi, apāto
Wolkenkratzer	chōkōsō-biru
Zebrastreifen	ōdanhodō

Geschichte, Kultur, Religion, Unterhaltung

Rekishi, bunka, shūkyō, danwa

Japan gehört zum konfuzianistisch-taoistischen Kulturkreis, der vor etwa 2500 Jahren durch die Schriften von Konfuzius und Laotse begründet wurde, und zu dem auch China und Korea gehören. Die Insellage erklärt spezifische Besonderheiten, die sich nur in Japan herausgebildet haben. So bekennen sich zum Beispiel 95% der Bewohner zu einer japanischen Form des Buddhismus, einer Religion mit Jenseitskonzepten (d.h. sie glauben an ein Weiterleben nach dem Tode sowie Strafe und Belohnung für ausgeführte Taten). Gleichzeitig bekennen sich 95% der Japaner zum Schintoismus, einer Religion, die Jenseitskonzepte strikt ablehnt (d.h. sie glauben nicht an ein Weiterleben nach dem Tod, wohl aber an ein Weiterwirken der Taten eines Verstorbenen). Japaner empfinden darin keinen Widerspruch und verweisen vielmehr auf die gegenseitige Unverträglichkeit von christlicher Religion und Wissenschaftlichkeit, die von Westlern nicht empfunden wird.
Vom Ausland anerkannte kulturelle Leistungen sind das Noh-Theater, Farbholzschnitte (ukiyoe), die Tee-Zeremonie, Landschaftsgärten, Schwertklingen, die Architektur von Tempeln und Palästen und seit der Nachkriegszeit ein Füllhorn von Industrieprodukten, mit denen jeder Westler täglich konfroniert wird. Die Mehrzahl der kulturellen Errungenschaften führt ihre Entstehungsgeschichte auf religiöse Wurzeln zurück.

Abendvorstellung	yoru no kōen
Ausstellung	tenran-kai
Ballett	barē
Burg / Schloss	shiro / kyūden
Denkmal	dōzō
Diskothek	disuko
Eintrittskarte	nyūjōryō
Kartenverkaufsstelle	pureigaido
Festival	fesutibaru/matsuri
Fremdenverkehrsamt	kankō-kyoku
Friedhof	bochi
Frühvorstellung	machinē / hiruma kōgyō
Geburtshaus / Grab	seika / haka
Jazzklub	jazu kurabu
Kino	eigakan
Film	eiga
Konzert	konsāto/ensōkai
Konzerthalle	konsāto hōru

Kunstgalerie	bijutsukan
Museum	hakubutsukan
Musical	myūzikaru
Nachtklub	naito-kurabu
Oper	opera
Opernhaus	opera-za
Theater	gekijō
Kabuki -Theater	kabuki
Bunraku -Theater (*Puppen~*)	bunraku
Noh -Theater	Nō

Das Noh-Theater, das Bunraku-Theater und das Kabuki-Theater gehören zu den traditionellen japanischen Künsten. Im Noh-Theater werden lyrische Dramen vorgetragen. Das Kabuki-Theater entstand im 18. Jahrhundert in Tokio als Antwort auf das Bunraku-Theater, das für die zu Wohlstand gelangten Kaufleute in Osaka entwickelt worden war. Bunraku ist ein Puppentheater mit lebensgroßen Puppen. Kabuki hingegen wird von Schauspielern dargestellt.

Loge / Parkett / Balkon	bokkusu / ikkai shōmen-seki / barukonī-seki
Theaterkasse	gekijō no kippu uriba
Theaterstück	shibai, sakuhin
Veranstaltungskalender	gyōji-yoteihyō
Vortrag	koen

Einkaufen

Kaimono

Willkommen!
Irasshai mase!

Wie lange haben Sie geöffnet?
Nan-ji made aite imas[u] ka?

Die Kaufhäuser in Japan sind auch samstags und sonntags geöffnet und schließen dafür an einem Wochentag. Kein Ladenschlussgesetz gebietet irgendeinem Händler feste Geschäftszeiten, und es gibt Supermärkte, die 24 Stunden lang und an sieben Tagen der Woche geöffnet haben (konbīnien sotoa).

Kann ich Ihnen helfen?
Nani ka gyō o itashimashō ka?

Suchen Sie etwas Bestimmtes?
Nani o osagashi des[u] ka?

Ich suche … / Haben Sie …?
… o sagashite imas[u]. / … wa arimas[u] ka?

Nein, danke. Ich schaue mich nur um.
Iie, chotto mite mimiru dake des[u] kara.

Es passt mir wie angegossen.
Watashi ni pittari des[u].

größer / kleiner / länger / kürzer / enger / weiter
ōkii / chiisai / nagai / mijikai / semai / hiroi

heller / dunkler / gestreift / kariert / uni
akarui / kurai / shima moyō no / kōshijima no / muji no

So viel wollte ich eigentlich nicht ausgeben.
Sonna ni shiharau tsumori wa arimasen.

→ *Handeln ist (außer in speziellen Einkaufsvierteln und im Einzelhandel) in Japan nicht üblich. Es ist durchaus möglich, dass eine Ware in verschiedenen Läden zu unterschiedlichen Preisen angeboten wird. Eine Ausnahme bildet Osaka. Dort ist es üblich, über den Preis der Ware zu verhandeln, weil man so mit Spaß einkaufen kann.*

Gibt es das auch etwas günstiger / in einer besseren Qualität?
Motto yasui no / motto ii hinshitsu no wa arimasen ka?

Möchten Sie das als Geschenk verpackt?
Okurimono toshite otsutsumi shimashō ka?

Können Sie das bitte an diese Adresse schicken?
Kore o kono jūsho ni okutte kuremasen ka?

Ich möchte gern … umtauschen.
Kōkan shitai no des[u] ga …

Es funktioniert nicht richtig.
Tadashiku ugokimasen.

Es passt nicht.
Aimasen.

Es ist zu … / Es ist nicht … genug.
… - sugimasu. / Jūbun … de wa arimasen.

Abteilung	uriba
Accessoires	akusesarī
Andenken	kinen
Apotheke	yakkyoku
Aufzug	erebētā
Bücher	hon
Damenbekleidung	fujin-fuku
Drogerieartikel	baiyaku
Elektroartikel	denka-seihin
Friseur (Damen)	biyō-in, pāma-ya
Friseur (Herren)	sanpatsu-ya
Fotoartikel	shashiuzairyō
Fundbüro	ishitsubutsu-hokansho
Herrenbekleidung	shinshi-fuku
Kasse	reji
Kinderbekleidung	kodomo-fuku
Kosmetika	keshō-hin
Kurzwaren	saihō-yōhin

Lebensmittel	shokuryō-hin
Parfüm	kōsui
Reinigung	kurīningu
Reisebüro	ryokō-sha
Rolltreppe	esukarētā
Schmuck	sōshingu
Schönheitssalon	biyō-in
Schreibwaren	bunbō-gu
Schuhreparaturen	kutsu no shūri
Spielwaren	omocha
Sportartikel	supōtsu-yōhin
Stock, Geschoss	kai / ikkai o nozoku kaisō
Erdgeschoss	ikkai
erster Stock	ni-kai
Untergeschoss	chikai
Süßigkeiten	kashi-rui
Verkäufer/in	ten-in
Wegweiser	annai-hyōshiki
Zeitschriften	zasshi
Zeitungen	shinbun

Bank, Wechselstube
Ginkō, Tsūkaryōgae-sho

Der japanische Yen wird traditionell in 4-stelligen Zahlenblöcken gezählt, d. h. nach Tausend gibt es eine eigene Zähleinheit für Zehntausend (Ichi-man).

Fremde Währungen und Reiseschecks kann man nur bei Banken mit dem Schild Authorized Foreign Exchange Bank einlösen. Diese Banken gibt es in den großen Städten recht zahlreich, auf dem Land jedoch seltener. In Japan kann man nicht mit Dollar bezahlen. Es gilt nur der Yen. Wer nicht immer viel Bargeld mit sich herumtragen möchte, kann ein Konto bei der Post eröffnen.

Ich möchte gerne Dollars wechseln.
Doru o kaetai no des^u ga.

Dafür hätte ich gerne Yen.
En ni kaete kuremasen ka?

Wie ist der Kurs heute, bitte?
Kyō no rēto / kawase sōba wa ikura des^u ka?

Das ist aber ziemlich hoch / niedrig.
Kanari takai / hikui des^u ne.

Dann lasse ich es erst (ein)mal, danke.
Ja, kaeru no o yamete okimas^u.

Ich möchte einen Reisescheck einlösen.
Toraberā chekku o genkin ni kaetai no des^u ga.

Darf ich bitte Ihren Pass/Ausweis sehen?
Anata no pasupōto / mibunshōmeisho o misete kudasai.

Würden Sie bitte hier unterschreiben?
Koko ni sain shite kudasai masen ka?

Gehen Sie bitte zum Schalter Nr. ...
...ban no madoguchi e itte kudasai.

Wie wollen Sie das Geld haben?
Okane wa donoyō ni gokibō des^u ka?

Entschuldigung, Sie haben mir nur ... gegeben.
Sumimasen, ... dake shika itadaite masen ga.

Ich hätte gern eine Quittung.
Ryōshūsho o onegai shimas^u.

Bankfiliale	ginkō no shiten
Bankgebühren	ginkō no tesūryō
Bankleitzahl	ginkō kōdo bangō
Geheimnummer	himitsu bangō
Geldautomat	genkin jidō shiharai-ki
Geldschein	o-satsu
Konto / Kontonummer	kōza / kōza bangō
Kreditkarte	kurejitto kādo
Münze	kōka
Reisescheck	toraberā chekku
Schalter	madoguchi
Scheck / Scheckkarte	kogitte / kyasshu-kādo
Schließfach	koin-rokkā
Schweizer Franken	suisu furan
überweisen / Überweisung	fureikaeru / furikaesōkin
Wechselkurs	kawase rūro, kawase sōba
wechseln	ryōgae suru

Post ▸▸ 8 *Bank, Wechselstube*

Yūbinkyoku

abschicken / ankommen	dasu / tsuku
Absender	sashidashi-nin
Adresse	jūsho
Brief	tegami
Briefmarke	kitte
Briefumschlag	fūtō
Eilbrief	sokutatsu
(per) Einschreiben	kakitome (de)
Empfänger	uketori-nin
Empfangsbestätigung	juryōsho, uketorisho
Fax	fakkusu
faxen	fakkusu o okuru
Leerung / Zustellung	yūbinposuto no kaikan / haitatsu

Paket / Päckchen	kozutsumi / kogata-kozutsumi
Postkarte	hagaki
Postkasten, Briefkasten	yūbin-uke
Postleitzahl	yūbin-bangō
Schalter	madoguchi
Telegramm	denpō
versenden	hassō suru

Messen

Organisatorisches

Tenji-kai o arenji suru

Viele nützliche Informationen können Sie im Vorfeld über den AUMA (Ausstellungs- und Messe-Ausschuss der deutschen Wirtschaft) erfahren, über deutsche Messe- bzw. Durchführungsgesellschaften und nicht zuletzt über deutsche und japanische Wirtschaftsinstitutionen wie die DIHKJ (Deutsche Industrie- und Handelskammer Japan) und die JETRO (Japan External Trade Organization).

Denken Sie daran, dass Japan für benachbarte asiatische Länder wie Korea, Taiwan, China, aber auch für Australien/Ozeanien und den Westen Amerikas sowie den Osten Russlands näher liegt als Europa. Viele Hersteller aus diesen Ländern kommen nach Japan, um ihre Produkte zu präsentieren, sich zu informieren und neue Geschäfte anzubahnen.

Ausländische Besucher kommen nicht selten mit der Vorstellung nach Japan, sie könnten problemlos auf Englisch kommunizieren. Dies ist leider immer noch nicht der Fall. Nur relativ wenige japanische Messebesucher können Fachgespräche in englischer Sprache führen. Folglich müssen Fachgespräche mit Hilfe eines qualifizierten Dolmetschers auf Japanisch geführt werden.

Auskunftsstelle, Information	annai-sho / infomēshon
Aussteller/in	shuppinsha
Ausstellungsverzeichnis	tenjimokuroku
Ausweis	shōmeisho
Bedingungen	jōken
Dolmetscher/in	tsūyaku
Durchsage	anaunsu.
Fachbesucher/in	senmon-hōmonkyaku
Freikarte, Gästekarte	muryō nyūjōken
Gang	tsūro
Garderobe	kurōku
Gebühr	ryōkin
Halle	hōru
Hallenplan	kaijō annaizu
Haupteingang	chūōguchi
Ladeplatz	tsumioroshi-ba
Lagerung	zaiko
Messe	mihomichi
Messebüro / -zentrum	mihonichi-jimusho / -sentā,-honbu
Notausgang	hijōdeguchi
Parkplatz	chūsha-jō
Pressezentrum	pures^{u}sentā
Selbstbedienungsrestaurant	serufusā-bisu shokudō / -resutoran

Stockwerk	kai
Tor	mon/gēto
Treffpunkt	machiai-basho

Einen Stand reservieren ▸▸ 3 *Telefonieren*
Būsu o yoyaku suru

Wenn Sie sich an einer internationalen Messe in Japan beteiligen und noch keine Erfahrungen im Handel mit Japan gesammelt haben, sollten Sie sich nicht allein darauf verlassen, dass der Veranstalter alles in Ihrem Sinne organisiert. So sollten Sie schon vor der Ausstellung für die gebührende Beachtung Ihres Standes sorgen, indem Sie z. B. persönliche Einladungen verschicken.

Wir möchten einen Stand für die ... Messe reservieren.
... mihonichi yō no būsu o yoyaku shitai no des^u ga...

Wann ist Anmeldeschluss?
Mōshikomi shimekiribi wa itsu des^u ka?

Würden Sie uns bitte ein Anmeldeformular per Fax schicken?
Mōshikomi-yōshi o fakkusu shite kuremasen ka?

Wir brauchen einen Stand mit einer Fläche von ungefähr ... Quadratmetern.
Yaku ... heihōmētā no būsu menseki ga hitsuyō nano des^u ga.

Ab wann steht er uns zur Verfügung?
Itsu kara shiyō dekimas^u ka?

Wir benötigen an unserem Stand einen Computeranschluss.
Watashi-tachi no būsu ni konpyūtā setsuzoku ga hitsuyō desù.

Könnten Sie uns ...
... sh^ite itadakemasen ka?

Könnten Sie uns bei der Zollabfertigung helfen?
Tsūkan-tetsuzuki de tasukete itadakemasen ka?

Können Sie uns (für die Dauer der Ausstellung) eine/n Dolmetscher/in vermitteln?
(Tenjikai no kikan) tsūyaku o assen sh^ite itadakemasen ka?

Können Sie uns für die Dauer der Ausstellung eine Hostess vermitteln?
Tenjikai no kikan-chū hos^utes^u o h^itori assensh^ite itadakemasen ka?

Können Sie uns mit Erfrischungen versorgen?
Nanika tsumetai nomimono o yōi sh^ite itadakemasen ka?

abschließen	kagi o kakeru
aufbauen / abbauen	kumitateru/tekkyo suru
Beleuchtung	shōmei
Breite / Höhe / Länge / Tiefe	haba / takasa / nagasa / fukasa
Decke	tenjō

Eckstand	būsu no kōnā
Fläche	yuka / furoa
Größe / Maße	ōkisa / sunpō
Grundriss	mitorizu
Infotheke	jōhō-sentā
Kabine	bokkusu
Kühlschrank	reizōko
maximal / minimal	saidai / saishō
Miete	rentaru-ryōkin
offen / halb offen / geschlossen	aiteiru / hanbun aiteiru / shimatte iru
Prospekthalter	panfuretto horudā
Rahmen	furēmu
Regal, Regale	tana
Säule	hashira
Schrank / Wandschrank	todana / tsukuritsuke no todata
Spülstein	nagashi
Standnummer / -schild	sutando nanbā / -purēto
Steckdose	konsento,
Stromschiene	denryū rēru
technische Ausstattung	gijutsu sōbihin
Telefon- / Faxanschluss	denwa- / fakkusu setsuzoku
Theke	kauntā
Vorhang	kāten

Werbung und PR

▸▸ 2 *Austausch von Visitenkarten*

Kōkoku to kōhōo

Die allgemeinen Methoden des Direktmarketings sind auch in Japan bekannt und erfolgreich. Diese Methoden umfassen Direkt Mailing, basierend auf einer aktuellen Adressdatei oder auf einer lokal beschafften Liste von Interessenten. Das Schalten von Anzeigen und Veröffentlichen von Artikeln in einschlägigen Fachzeitschriften ist kostengünstiger als Werbung in Tageszeitungen und sonstigen Massenmedien oder dem Fernsehen.

Visitenkarten (meishi) sind ein sehr wichtiges Instrument im japanischen Geschäftsleben. Vergessen Sie nicht, Ihre Visitenkarten in zusätzlicher japanischer Beschriftung mitzubringen. Beachten Sie bitte die japanischen Sitten beim Austausch von Visitenkarten, sie sind in einem der einleitenden Abschnitte „Begrüßung" ausführlich beschrieben.

Ausstellungsstück	tenji-hin / hibai-hin
Bestellkarte / -formular	chūmonyō hagaki/chūmon kādo
Broschüre	panfuretto
Direktmailing	dairekuto mēru
einführen	saiyō suru
Einladung	shōtai

Firmenimage	kaisha no imēji
Katalog	katarogu
Kunde / Kundin	kokyaku/tokuisaki
Logo	rogo
Mailing	tsūshin haubai
Marke, Warenzeichen	shōhyō
Muster	sanpuru
Namensschild	nafuda / nēmu kādo
Preisliste	kakaku-hyō
Pressekonferenz	kisha-kaiken
Pressemitteilung	hōdōtsūtatsu
Prospekt	panfuretto
Veranstaltung	moyōshimono
Verkaufsförderung	hanbaisokushin
Visitenkarte	meishi
Werbeagentur	kōkokudairiten
Werbegeschenk	kōkokuyō keihin
Werbematerial	senden-shōhin
Zielgruppe	tāgettogurūpu

Kunden ansprechen

Kokyaku ni hanashikakeru

Die japanische Gesellschaft ist immer noch reichlich „formal". Am Messestand drückt sich das in der Kleidung des Personals aus. Man gibt sich nicht „leger". Für den Standleiter und Firmenrepräsentanten ist ein Anzug mit Krawatte ein absolutes Muss.

Das Standpersonal sollte für die Besucher einfach und eindeutig zu erkennen sein. Einheitliche Kleidung oder sogar Uniformen sind für die Standmannschaften der japanischen Aussteller nichts Ungewöhnliches. Ausländische Aussteller sollten für ihr Standpersonal zumindest Ansteckschildchen und Visitenkarten vorbereiten

Der geeignete Ort für Gespräche und Bewirtungen mit japanischen VIPs ist eine Einladung in ein Hotel oder Restaurant nach Ende des Messetages. Die Entscheidungsträger aus Wirtschaft und Verwaltung kommen oft aus Termin- oder sonstigen Gründen nicht selbst zur Messe, sondern schicken ihre Helfer. Obwohl die Kontaktpflege mit den Helfern nicht vernachlässigt werden darf, kann das Gespräch mit dem Chef manchmal Wunder wirken.
Die Anbahnung derartiger Einladungen ist nicht ganz einfach und muss in der Regel vor dem Messetermin arrangiert werden (▸▸ 4 *Einen Termin vereinbaren).*

Kann ich Ihnen behilflich sein?
Nani ka goyō o itashi mashō ka?

Ich hätte gern einige Informationen über …
…nitsuite ikutsu ka jōhō ga hoshii no desu ga…

Das ist unser/e neueste/r/s ...
Kore wa watashitachi no saishin no....

Das finden Sie in unserer Broschüre auf Seite ...
Kore wa watashitachi no panfuretto no ... pēji ni notte imas^{u}.

Die technischen Einzelheiten finden Sie hier.
Gijutsu dē tā wa koko ni arimas^{u}.

Ich führe es Ihnen vor.
Watashi ga jitsuen shima shō.

Wir hätten gern mehr Information zu ...
... ni kansuru jōhō ga motto hoshìi no des^{u} ga...

Ab wann ist es lieferbar?
Itsu kara nōnyū dekimas^{u} ka?

Könnten Sie uns ausführliches Material über ... zusenden?
...ni tsuite kuwash^{i}i shiryō o okutte kuremasen ka?

Könnten Sie uns ein Angebot zukommen lassen?
Mitsumori o dash^{i}te itadake masen ka?

Haben Sie... ?
... ga arimas^{u} ka?

Haben Sie eine Vertretung / eine Geschäftsstelle / ein Werk / einen Vertrieb in ...?
... ni dairiten/eigyōsho/kōjō/hanbaisho ga arimas^{u} ka?

Erfrischungen am Messestand und Messegeschenke

Būsu de no seiryōinryō to kanzei

→ *An japanischen Messeständen wird Besuchern weitaus weniger Alkohol angeboten als hierzulande. Dies bedeutet nicht, dass Sie Ihren Besuchern kein Glas Bier und keinen Wein anbieten dürfen ... Wer kann sich schon etwas „Exotischem" verschließen?*

→ *Ihre „exotischen" Messegeschenke bringen Sie am besten von zu Hause mit, doch vergessen Sie nicht den Zoll, denn es wäre peinlich, wenn er auf Grund von rechtlichen Vorschriften Ihren köstlichen Schwarzwälder Schinken konfiszieren müsste, den Sie für die Bewirtung Ihrer Kunden vorgesehen hatten.*

Darf ich Ihnen...?
... shimashō ka?

Darf ich Ihnen eine Erfrischung anbieten?
Onomimono o omochi shimashō ka?

Darf ich Ihnen ein Glas Wein anbieten?
Wain o ippai omochi shimashō ka?

Darf ich Sie in unseren Gästeraum bitten?
ōsetsuma ni okoshi negae mas^{u} ka ?

Nehmen Sie bitte in unserem Gästeraum Platz, während ich Ihnen eine passende Info beschaffe.
Watashi ga shiryō o toriyosete iru aida dōzo ōsetsuma de omachi kudasai.

Produkte beschreiben ▸▸ 14 *Präsentationen*

Seihin o setsumei suru

Vergessen Sie nicht, Ihr Produkt eingängig zu beschreiben, auch in japanischer Sprache. Denken Sie an das Sprichwort: „Ein Bild sagt mehr als tausend Worte". Fassen Sie sich kurz und strapazieren Sie nicht das Zeitbudget Ihrer Kunden.

Kataloge und Broschüren sollten zumindest auszugsweise in japanischer Sprache vorliegen. In englischer Sprache abgefasstes Material kann von vielen Japanern gelesen werden, wenngleich die Zahl derjenigen, die fließend Englisch sprechen, eher gering ist.

aktuell	tō men no
Angaben	supekku
Anweisungen	shiji
beliebt	konomarete iru / popyurā
brandneu	ma atarashii/nyū burando
effektiv	yūkō na / jissai no
effizient	kōritsu ga ii
einmalig	ikkai kagiri
Entwicklung	kaihatsu
erfolgreich	daiseikō no
Ergebnis	kekka
erprobt	jisshō zumi no
erstklassig	ichi ryū no / fāsuto kurasu no
Forschung	kenkyū
führend	shidōteki na / ichi ryū no
Garantie	hoshō
geeignet	tekishite iru
günstig	yūri na
herstellen / Herstellung	seisan suru / seisan(seizō)
hervorragend	batsugun no
Kapazität	seisan nōryoku
konkurrenzlos	dokusen no
kraftvoll	kyōryoku na
leicht zu bedienen	sōsa ga kantan
Leistung	seinō
neueste(s) (Design)	saishin no dezain
Palette	paretto / tasai na
Qualität	hinshitsu
reibungslos	shishō naku

recyclebar	risaikuru dekiru
sicher	anzen na
Sicherheitsvorschriften	anzenkisoku
Standardmodell / Topmodell	hyōjun gata
technischer Standard	gijutsu hyōjun
verbessert	kairyō shita
Verbrauch	shōhi
Verkaufsschlager	besuto serā
Versuch	shikō
wartungsfrei	teire fuyō no
wirtschaftlich	keizaiteki na
zukunftsweisend	mirai o sashishimesu
zuverlässig	shinrai dekiru

Kunden weitervermitteln ▸▸ 11 *Im Büro*

Kokyaku o sarani shōkai suru

Ansprechpartner für ... ist eigentlich Herr/Frau X.
... no Tantōsha wa X na no des[u] ga.

Leider ist er/sie gerade zu Tisch.
Zannen nagara ima shokuji ni dete orimas[u].

Er / Sie ist gerade in einer Besprechung.
Chōdo ima kaigi-chū des[u].

Es wird nicht lange dauern.
Nagaku wa kakara nai deshō.

Er / Sie ist bald wieder da.
Sugu modorimas[u].

In Verbindung bleiben

Torihiki kankei o mochi tsuzukeru

Eine Verbindung hat zwei Endpunkte:

Damit ein Interessent die Verbindung zu Ihnen von sich aus aufrecht erhalten kann, sollte er ausreichend darüber informiert worden sein, wie er Sie oder Ihre Stellvertreter nach Ende der Messe erreichen kann, z.B. durch Überreichung Ihrer aufwändigen Firmenbroschüre oder Ihrer Visitenkarte.

Von Ihrer Seite aus können Sie durch „Nachbereitungsmaßnahmen" in Kontakt bleiben. Dazu gehört das Versenden von Dankschreiben an bestehende und potentielle Kunden, die den Stand besucht haben (▸▸ 15 Dankschreiben). Als Erinnerungsstütze können ein paar Fotos vom Messestand beigelegt werden.

Sind Sie heute Nachmittag noch da?
Kyō no gogo mo mada irasshai mas^{u} ka?

Könnten Sie heute um 14 Uhr noch einmal kommen?
Kyō no gogo ni-ji ni mō ichi-do kite itadake mas^{u} ka?

Wir würden Sie gerne zu einem Besuch in unser Werk einladen.
Watashitachi no kōjo o zehi tazunete kudasai.

Ich bin im nächsten Monat in ... Ich könnte Sie dann besuchen.
Raigetsu watashi wa ... ni itteimau. Anata-sama o otazune dekiru deshō.

Hier ist meine Karte.
Kore ga watashi no meishi des^{u}.

Wann sind Sie wieder im Büro?
Jimusho niwa itsu mata irasshai mas^{u} ka?

Wo können wir Sie erreichen?
Anata-sama ni dokode renraku ga tore mas^{u} ka?

Ich rufe Sie gleich nach der Messe an.
Mihonichi no ato de odenwa sashiage mas^{u}.

Unternehmensorganisation und -struktur

Firmenarten

Kaisha no shurui

Japanische Firmen haben aus steuerrechtlichen Gründen häufig die Rechtsform der Kabushiki-gaisha (Aktiengesellschaft). Daneben findet man auch die Yūgen-gaisha (Gesellschaft mit beschränkter Haftung), die Gōmei-gaisha (Offene Handelsgesellschaft) und die Gaikoku-gaisha (Ausländische Firma).

Die interne Struktur wird durch das Keiretsu-System bestimmt. Es organisiert einen Produktionsbereich durch ein Netzwerk von rechtlich unabhängigen Unternehmen, die jedoch funktional zusammengehören, z. B. als Zulieferer zu einer Firma, die Komponenten zu einem Ganzen montiert. Das Netzwerk der einzelnen Firmen funktioniert wie eine einzige große Firma, deren Abteilungen alle unabhängige, d. h. selbstständige Unternehmen sind.

Wir sind ein Handelshaus
Watashi-tachi wa shōsha des^{u}.

Wir sind ein kleiner/mittlerer Betrieb.
Watashi-tachi wa chūshō kigyō des^{u}.

Wir arbeiten als Subunternehmer von …
Watashì-tachi wa … no shitauke des^{u}.

Wir sind Hersteller von …
Watashi-tachi wa … no seizōmoto des^{u}.

Unser Schwerpunkt liegt im Bereich …
Waga-sha wa … ni jūten o oite imas^{u}.

Unser Kundenkreis erstreckt sich auf Europa.
Waga-sha no kokyakusō wa Yōroppa ni made watatte imas^{u}.

Wir sind weltweit vertreten.
Watashi-tachi no kaisha wa sekaijū ni dairiten ga arimas^{u}.

Agentur	dairi-ten
Alleinvertreter	dokusen dairi ten
Branche	gyōkai
Einzelhändler	kouri-gyōsha
Exporteur	yushutsu-gyōsha
Familienbetrieb	kanai-eigyō
Filiale / Niederlassung	shiten / shisha
Großhändler	oroshiuri-shōnin
Handelsvertreter	dairishō
Hauptverwaltung	kanri-honbu / shuyō kanchō

Hersteller	seizōmoto / mēkā
Holdinggesellschaft	mochikabu-gaisha
Kette	chēn
Klein- und mittelständische Unternehmen	chūshō-kigyō
Konzern	kontsuerun
Lieferant, Zulieferer	sapuraiyā
Lizenznehmer	raisensī
Lizenzgeber	raisensā
Muttergesellschaft	oya-gaisha
Sparte / Bereich	ryōbun / bunya
Subunternehmer	hojo-gaisha
Tochtergesellschaft	ko-gaisha
Vertragshändler	dokusen hanbaishō
Vertretung	dairishō
Zentrale	honsha / honbu

Geschäftsbereiche ▸▸ 9 *Produkte beschreiben*

Gyōmu-bunya

Wir sind im Einzelhandel / Großhandel tätig.
Watashi-tachi wa kouri-gyōsha / oroshiuri-shōnin des^{u}.

Unser Schwerpunkt liegt im Dienstleistungsbereich.
Wagasha wa tokuni sa-bisu-bumon ni chikara o irete imas^{u}.

Wir stellen Einzelteile für unsere Branche her.
Watashi-tachi wa jidōsha-gyōkai yō no koko no pātsu o tsukutte imas^{u}

Wir konzipieren / entwickeln Software.
Watashi-tachi wa sofutouea no kōan to kaihatsu o shiteimas^{u}.

Wir handeln mit Baumaterial.
Watashi-tachi wa kenchiku-zai no shōbai o shite imas^{u}.

Wir importieren / exportieren Waren.
Watashi-tachi wa kawa-seihin no yushutsu / yunyū-gyōsha des^{u}.

Wir geben unter anderem technische Handbücher heraus.
Watashi-tachi wa gijutsu senmon hando bukku mo shuppan shite imas^{u}.

Wir sind Unternehmensberater.
Watashi-tachi wa kigyō-komon des^{u}.

Branchen

Gyōmu bumon

Automobilbau	jidōsha sangyō
Banken und Versicherungen	ginkō to hoken
Baugewerbe	kenchikugyō

Chemische Industrie	kagaku-kōgyō
Computerindustrie	konpyūtā-sangyō
Eisenindustrie	tekkōgyō
Elektronik	erekutoro nikusu.
Informatik	jōhō-kagaku
Luftfahrt	kōkū
Nahrungsmittel	shokuhin
Neue Technologien	shinkagakukōgyōgijutsu
Raumfahrt	uchū-hikō
Schiffsbau	zōsen
Textilindustrie	seni-kōgyō

Firmenentwicklung, Märkte
Kaisha no hatten, shijō

Aktie	kabu
Aktionär/in, Gesellschafter/in	kabu-nushi
Angebot und Nachfrage	juyō to kyōkyū
diversifizieren	tayōka suru
expandieren	kakuchō suru
finanzieren	yūshi suru
fixe Kosten	kotei-hi
fusionieren / Fusion	gappei suru / gappei
Geschäftsbereich	kankatsu-hani
Gewinn / Verlust machen	rieki o eru / son o suru
gründen / Gründer/in	sōritsu-suru / sōritsu-sha
Hauptgeschäft	shuyō gyōmu
Hochkonjunktur	kōkeiki
investieren	tōshi suru
Investor/in / Investition	tōshi-sha / tōshi
Kapital	shihon
kaufen	kau
Kerngeschäft	koa bijinesu
Konkurrent/in / Konkurrenz	kyōsō aite / kyōsō
konkurrieren	kyōsō suru
in Konkurs geraten	hasan suru, tōsan suru
konzentrieren	shūchū suru
Kunde / Kundin	kokyaku
leiten	keiei suru
Marktanteil	māketto shea, shijō senyū ritsu
Marktlücke	shijō no sukima
Monopol	senbai, dokusen
privatisieren	shiyūka suru
rationalisieren	gōrika suru
reduzieren	gentei suru
Rezession	fukeiki
Segment	segumento
Steuer	zeikin

stilllegen, schließen	sōgyō teishi, heisa
subventionieren / Subvention	hojo-kin o ataeru / hojo-kin
übernehmen / Übernahme	hikitsugu / uketsugi
umorganisieren	saihensei suru
Umsatz	uriage
vergrößern	fuyasu
verkaufen	uru
verstaatlichen	kokueika suru

Interne Organisation
Shanai soshiki

Die typische Organisation eines japanischen Herstellungsbetriebes wird in folgendem Organigramm dargestellt.

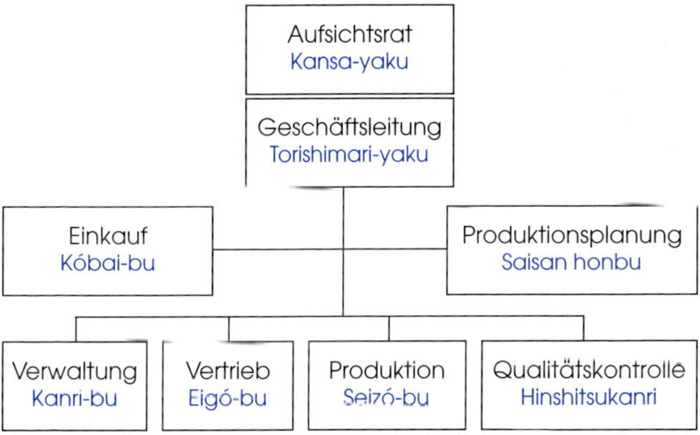

Geschäftsleitung
Torishimariyaku

In Japan ist die Geschäftsleitung von Aktiengesellschaften nach angelsächsischem Vorbild organisiert, das in einem Board normalerweise die Funktionen des Aufsichtsrats (kansa-yaku) und des Vorstands (torishimari-yaku) vereint.
Abgesehen vom Vorsitzenden, dessen Verantwortlichkeiten gesetzlich geregelt sind, können gleichlautende Funktionsbezeichnungen von Firma zu Firma mit unterschiedlichen Verantwortlichkeiten ausgestattet sein. Der amerikanische Titel Vice President (fuku shachō) ist in dieser Hinsicht in Japan ebenso wie in seinem Ursprungsland besonders problematisch, da er benutzt wird, um eine breite Palette verschiedener Verantwortlichkeiten abzudecken.

Abteilungsleiter/in	bu-chō / ka-chō
Aufsichtsratsvorsitzende/r	kansayakukai-kaichō
Generaldirektor/in	jōmu torishimariyaku
Geschäftsführender Direktor	senmu torishimariyaku
leitende/r Angestellte/r	kanbu-shain
Vizepräsident	fuku shachō
Vorsitzender	kaichō
Vorstandsmitglied	torishimari-yaku
Vorstandsvorsitzende/r	shachō

Mitarbeiter/innen

Dōryō

Angestellte/r	kaisha-in / howaito karā
Arbeiter/in	rōdō-sha
Assistent/in	joshu
Auszubildende/r	kyōikukunren-sei
beschäftigen	yatou/shigoto o ataeru
Betriebsrat *(Organ)*	keieisanka-iin
entlassen	kaiko suru / kubi ni suru
Facharbeiter/in	tokushuginō-kō / jukuren-kō
Gewerkschaft	rōdō-kumiai
Mitglied	kumiai-in / menbā
Personal	sutaffu
Projektgruppe	projekuto gurūpu
Stellvertreter/in	dairi-nin
Superviser	sūpābaizā
Team	chīmu
Teilzeitkraft	pāto-taimu
Vorarbeiter/in	shoku-chō
Vorgesetzte/r	jōshi

Typische Titel in Unternehmen

Kaisha no yakushoku

Kaichō	Vorsitzender
Kansayaku	Aufsichtsrat
Shachō	Präsident
Torishimariyaku	Vorstandsvorsitzender
Joomu Torishimariyaku	Generaldirektor
Senmu Torishimariyaku	Geschäftsführender Direktor
Jichō	Stellvertretender Direktor
Buchō	Sektionsleiter
Kachō	Abteilungsleiter
Hanchō	Gruppenleiter
Shunin	Projektleiter
Shokuchō	Vorarbeiter
Kakarichō	Aufseher
Shain	Mitarbeiter/Angestellter

Tätigkeiten erklären

Shigotonaiyō o setsumei suru

→→→ Japanische Firmen stellen ihre Mitarbeiter nicht als Spezialisten, sondern gleich nach dem Universitätsabschluss als Anfänger ein. Sie arbeiten in Gruppen unter der Leitung eines Dienstälteren an gemeinsamen Aufgaben. Sie werden in verschiedene Abteilungen versetzt. So sammeln sie vielfältige Erfahrungen und bekommen eine Vorstellung von der Firma.

→ In Japan war es in der Zeit nach dem zweiten Weltkrieg für Mitarbeiter nicht üblich, die Firma zu wechseln und für Firmen nicht, Mitarbeiter zu entlassen. Dies scheint sich insbesondere in der Automobilindustrie zu ändern.

Was sind Sie von Beruf?
Anata no o-shigoto wa nan des^u ka?

Ich bin Prokurist.
Watashi wa purokyurisuto des^u.

Ich bin im Personalbereich tätig.
Watashi wa jinji no shigoto o shiteimas^u.

Ich bin Leiter/in der Werbeabteilung.
Watashi wa senden-buchō des^u.

Ich bin für das Lager zuständig.
Watashi wa sōko tantō des^u.

Ich bin für die Buchführung zuständig.
Watashi wa keiri tantō des^u.

Berufe

Shokugyō

→→→ In Japan werden Mitarbeiter nicht nur durch Ihr Gehalt, sondern zusätzlich durch eine Prämie entlohnt, die zwei Mal jährlich ausgezahlt wird. An den Auszahlungsterminen orientieren sich ganze Industriezweige, denn in dieser Zeit werden Neuanschaffungen für den Familienhaushalt getätigt.

→ Die durchschnittliche Arbeitszeit pro Jahr ist in Japan höher als z. B. in Deutschland. Nicht selten nehmen alle Mitarbeiter einer Firma ihren Urlaub gemeinsam, die Firma schließt für diese Zeit.
Viele Firmen schließen in der Zeit der wichtigen Feiertage, insbesondere zu den Neujahrsfeiern. Es gibt keine gesetzliche Regelung für die Öffnungszeiten von Firmen und Geschäfte.

→ Eine japanische Firma gibt ihren Angestellten einen fast familiären Zusammenhalt. Vorgesetzte gehen zum Beispiel gemeinsam mit ihren Mitarbeitern zum Mittagessen in die Betriebskantine. Dabei

wird über Persönliches und Familiäres geredet. Man kennt sich in der Abteilung.
Der Vorgesetzte kümmert sich oft sogar um die passenden Ehepartner für seine ledigen Mitarbeiter. Dabei wird davon ausgegangen, dass ein harmonisches Familienleben sowohl dem Wohl des Mitarbeiters wie auch dem der Firma dient.

Arzt / Ärztin	isha (*Anrede:* o-isha san)
Berater/in	komon/sōdannyaku
Betriebswirt/in	keiei senmonka
Buchhalter/in	chōbo-gakaritantōsha
Controller/in	kaikei kensakan
EDV-Fachmann/-frau	konpyūtā supesharisuto
Fahrer/in	untenshu
Geschäftsmann	bijinesuman / jitsugyōka
Ingenieur/in	enjinia / gishi
kaufm. Angestellte/r	shōshain
Mechaniker/in	kikaikō / -shūrikō
Psychologe / Psychologin	shinri-gakusha
Rechtsanwalt / -anwältin	bengoshi
Sachbearbeiter/in	tantōsha / kēsuwākā
Sekretär/in	hisho
Techniker/in	gikōka / gijutsusha
Verkäufer/in	hanbainin / sērusuman
Werbefachmann/-frau	kōkoku senmonka
Wissenschaftler/in	gakusha

Firmenbesuche

Pünktlichkeit

Jikan genshu

Wenn Sie in Japan einen Firmenbesuch planen, sollten Sie 15 Minuten im Voraus eintreffen. Pünktlichkeit gilt in Japan als oberstes Gebot. Durch Verspätungen könnten Ihnen enorme Nachteile entstehen. Sie machen einen äußerst schlechten Eindruck. Entschuldigen Sie eine Verspätung nie mit einem Autostau, öffentliche Verkehrsmittel bleiben nur selten im Stau stecken.

Im Gebäude

Tatemono no naka

Wenn Sie sich in Japan in einem Gebäude befinden, achten Sie bitte darauf, dass sich die Zählweise der Stockwerke von der gewohnten westlichen unterscheidet. Unser Erdgeschoss ist in Japan der 1. Stock (ik-kai), unser 1. Stock ist in Japan der 2. Stock (ni- kai) usw.

Aufzug	erebētā
Ausbildungszentrum	kyōiku sentā
Besprechungsraum	kaigi-shitsu
Büro	jimu-sho
Empfang	uketsuke
Fabrik, Werk	kōjō
Flur	tsūro, rōka
Forschungszentrum	kenkyū sentā, risāchi sentā
Gebäude	tatemono
Haupteingang	chūō-iriguchi
Hauptverwaltung	jimu-sōkyoku
Kantine	shain shokudō
Lagerhalle	ookina sōko, ueahausu
Parkplatz	chūsha-jō
Pförtner	shuei
Rezeption	furonto
Sekretariat	hisho-ka
Stock, Geschoss	kai
Erdgeschoss	ik-kai
erster Stock	ni-kai
Tor	mon
Treppe	kaidan

Am Empfang
Uketsuke de

Ich heiße ...
Watashi wa ... to mōshi mas^{u}.

Ich habe einen Termin mit Herrn/Frau ...
...sama to kyō au yakusoku des^{u}.

Ach ja. Sie werden erwartet.
Hai, kashikomarimashita. Anata-sama o omachi mōshite orimas^{u}.

Hier ist Ihre Sicherheitsplakette / Besucherplakette.
Koko ni anata no anzenbajji / hōmonsha yō kinen bajji ga arimas^{u}.

Nehmen Sie bitte Platz.
Dōzo okake kudasai.

Ich sage ihm/ihr Bescheid.
Watashi ga otzsutae shimas^{u} .

Er/Sie holt Sie gleich ab.
Ano-hito ga anata o suguni mukae ni kimas^{u}.

Ihr/Sein Büro ist im sechsten Stock, Zimmer 606.
Sono-kata no ofis^{u} wa rokkai de roppyaku roku-gō shitsu des^{u}.

Der Fahrstuhl ist dort drüben.
Erebētā wa asoko des^{u}.

Wenn Sie aus dem Fahrstuhl kommen, gehen Sie gleich nach links.
Erebētā o oriraretara, sugu hidari nin itte kudasai.

Gehen Sie den Korridor entlang. Es ist dann auf der linken Seite.
Rōka ni sotte itte kudasai. Hidargawa ni arimas^{u}.

Willkommen heißen und betreuen
Kangei no aisatsu o shi, osewa suru

▸▸ 1 *Körper- und Blickkontakt* ▸▸ 2 *Begrüßen*

Bei der Begrüßung und Verabschiedung von Kollegen gibt es keine freundlichen Umarmungen, sondern höfliche Verbeugungen. Sich umarmen oder Küssen in der Öffentlichkeit wäre völlig fehl am Platz. Derlei Dinge sind der Privatsphäre vorbehalten.

Wenn Sie Japaner zu einem geschäftlichen Anlass eingeladen haben, sollten Sie die Gäste in einem Konferenzraum empfangen (Sitzordnung ▸▸ auch 7 Gastronomie). Denken Sie daran, dass sich japanische Gäste bei der Äußerung von Wünschen zurückhalten (Wo kann der Regenschirm hingestellt werden, wo geht es zur Toilette, wie kann der Windzug abgestellt werden, ...). Es ist überflüssig, japanische Gäste nach ihren Wünschen zu fragen, da sie ohnehin höflich ablehnen würden (▸▸ 2 Wünsche äußern). Bieten

Sie ihnen deshalb einfach eine Erfrischung an und reichen dazu Süssigkeiten (o kashi). Zeigen Sie Ihren Respekt für die Feierlichkeit des Anlasses. Wenn Ihre Gäste aufbrechen, müssen Sie sie hinausbegleiten und so lange warten, bis sie ganz außer Sichtweite sind.

Herzlich willkommen bei ...
... ni yōkoso irasshaimash^{i}ta.

Haben Sie gut hergefunden?
Koko ga umaku mitsukarimash^{i}ta ka?

Hatten Sie eine angenehme Reise?
Kaitekina tabi desh^{i}ta ka?

Wo übernachten Sie?
Doko ni o-tomari des^{u} ka?

Ist das Hotel in Ordnung?
Hoteru wa gomanzoku des^{u} ka?

Wir tagen in einem anderen Gebäude.
Watashi-tachi wa hokano tatemonoi de kaigi o shimas^{u}.

Wenn Sie mir bitte folgen würden ...
Watashi ni tsuite kite kudasaru nara ...

Im Büro ▸▸ 16 *Smalltalk*

Jimusho de

Da wären wir. Möchten Sie Ihren Mantel ablegen?
Hai, tsukimashita. Kōto o nugaremas^{u} ka?

Nehmen Sie doch Platz.
Dōzo o-suwari kudasai.

Darf ich Ihnen etwas zu trinken anbieten?
Nanika o-nomimono o o-mochi itashimashō ka?

Danke, im Augenblick nicht.
Ile, ima wa kekkō des^{u}

Ein Kaffee / Glas Wasser wäre schön.
Kōhī ippai / o-mizu ippai itadakereba o-negai shimas^{u}.

Bitte schön.
Dōzo.

Um etwas bitten ▸▸ 2 *Wünsche äußern*

Tanomi-goto

Könnte ich bitte schnell (ein)mal telefonieren?
Sugu ni chotto denwa dekimas^{u} ka?

Könnte ich zwei bis drei Fotokopien machen?
Ni san-mai kopī dekimas^{u} ka?

Könnte ich meine (Akten)Tasche bitte irgendwo unterstellen?
Watashi no shoru-kaban o dokoka ni shimatte okukoto ga dekimas^{u} ka?

Könnten Sie mir bitte etwas zum Schreiben leihen?
Nani ka kakumono o kash^{i}te kuremasen ka?

Stört es Sie, wenn ich rauche?
Tabako o sutte wa ojama des^{u} ka?

Haben Sie vielleicht eine Kopfschmerztablette für mich?
Atama-ita no okusuri o omochi desh^{i}tara watashi ni itadake masen ka?

Wo ist die Toilette, bitte?
Toire wa doko des^{u} ka?

Büroausstattung ▸▸ 14 *Ausstattung*
Jimu-yōhin

Ablagekorb	bunsho seiri kaga
Aktenordner	fairu
Anspitzer	enpitsu-kezuri
Bleistift	enpitsu
Briefpapier	bin-sen
Büroklammer	kurippu
Bürostuhl	jimu-yō no isu
Computer, PC	konpyūtā, PC
Bildschirm	gazō
Diskette	furopī disuku
Festplatte	hādo disuku
Maus	mausu
Programm	puroguramu
Software	sofutowea
Diktafon	dikutafon, sokki-yō kōjutsu rokuon-ki
Drucker	purintā
Fax	fakkusu
Filzstift	sainpen
Fotokopierer	kopī-ki
Gegensprechanlage	intāfon
Hefter	hocchikisu
Internet-Anschluss	intānetto setsuzoku
Kabel	kēburu
Karteikarte	seiri-, sakuin-, mokuroku-kādo
Klarsichthülle	tōmei shorui ire
Kugelschreiber	bōru pen
Lineal	jōgi
Locher	panchi, senkō-ki
Modem	modan
Radiergummi	keshigomu
Regal	tana
Reißwolf	shureddā, saidan-ki
Schnellhefter, Mappe	fairu, baindā

Schrank	todana, tansu
Schreibblock	memo yōshi, repōto yōshi
Schreibtisch	tsukue
Schublade	hikidashi
Telefon	denwa
Telex	terekkusu
(Brief)Umschlag	fūtō

Das Programm vorstellen
Puroguramu o shōkai suru

Darf ich Ihnen meine Mitarbeiter vorstellen?
Dōryō o shōkai sh^{i}mas^{u}.

Wir haben Folgendes arrangiert.
Watashi-tachi wa tsugi no yō ni tehai shimash^{i}ta.

Nach der Präsentation werden wir zu Tisch gehen.
Purezentēshon no ato de shokuji ni ikimas^{u}.

Die Werksbsichtung ist für den Nachmittag vorgesehen.
Kōjōkengaku wa gogo ni sur^{u} yotei des^{u}.

Ist das in Ihrem Sinne?
Kore de minasama no go-kibō ni kanatte imas^{u} de shō ka?

Lasst uns beginnen!
Dewa hajimemashō!

Werksbesichtigung ▸▸ 2 *Interesse zeigen*
Kōjōkengaku

Hier sehen Sie …
Koko de … o go-ran itadakemas^{u}.

Hier fertigen / produzieren wir …
Koko de watashi-tachi wa … o seisan / seizō sh^{i}teimas^{u}.

Das Gebäude da drüben ist …
Mukō ni aru tatemono wa … des^{u}.

Hier sehen Sie …
Koko de … ga goran itadakemas^{u}.

Dahinter kann man (gerade noch) … sehen.
Sono ush^{i}ro ni (ima mada) … ga miete imas^{u}.

links / rechts von …
… no hidari / migi

neben / gegenüber von …
… no soba / mukō

Produktionsanlage
Seisan shisetsu

Auslieferung	shukka/hikiwatashi
automatisieren	jidōka suru
computergesteuert	konpyūtā seigyo
Einzelteil	buhin/konpōnento
Ersatzteile	supea pātsu
Fließband	seizō rainn, beruto konbeā
Forschung u. Entwicklung	kenkyū kaihatsu
(LKW-)Fuhrpark	(ōgatasha-)sō sharyō
Gerät(e)	kiki
herstellen	seisaku suru, seizō suru
Herstellung	seizō
Kapazität	seisan nōryoku
Labor	jikkenshitsu
Lager	sōko
Lagerbestand	zaiko
Lagerhalle	ōkina sōko
Leistung	seinō/kōritsu
Lieferant	sapuraiyā
Montage	kumitate
Endmontage	saishū kumitsuke
Produktionsablauf	seisan purosesu
Qualitätskontrolle	hinshitsu kanri
Roboter	robotto
Rohstoff	genryō
Stück pro Tag	ichi-nichi no seisanryo
verarbeiten	kakō suru
Verpackung	konpō
Versand	shukka
Versuchsanlage	jikken setsubi
Verwaltungsgebäude	honbu(kanri-bu) no tatemono
vorrätig haben	zaiko ga aru
Wartung	seibi
Werkhalle	dai kōjō
Werkstatt	sagyōjo/shūrikōjō/kōjō
Werkzeug	tsūru
zusammenbauen	kumitateru

Vorschriften
Kitei / Kijunsho

Leider ...
Mōshiwake gozaimasen ga...

... dürfen wir da nicht rein.
... watashitachi wa hairemasen.

... darf man hier keine Fotos machen.
... shashin wa kinshi sarete imas^u.

... sind Handys in diesem Gebäude nicht erlaubt.
... kon tatemono de keitai-denwa wa goenryo kudasai.

... darf man hier nicht rauchen.
... koko wa kinen to natte orimas[u] .

... müssen wir hier die (Schutz-) Helme tragen.
... koko de herumetto o kabura nakereba narimasen.

Den Besuch beenden ▸▸ 2 *Sich verabschieden*

Hōmon o oeru

Ich muss jetzt leider gehen.
Sorosoro oitoma shinakereba narimasen.

Vielen Dank für Ihre zahlreichen Auskünfte.
ōku no jōhō o arigatō gozaimash[i]ta.

Ich bringe Sie zum Parkplatz.
Chū-sha jō made goissho shimas[u].

Wie kommen Sie zum Flughafen?
Kukō e wa dōyatte ikaremas[u] ka?

Grüßen Sie bitte Herrn/Frau ...
... san ni dōzo yorosh[i]ku.

Ich werde mich melden.
Watashi no hō kara gorenraku itash[i]mas[u].

Kommen Sie gut nach Hause.
Buji ni okaeri kudasai.

Nochmals vielen Dank.
Hontō ni dōmo arigatō gozaimash[i]ta.

Ich hoffe, ich habe Ihnen keine Umstände gemacht. Auf Wiedersehen.
Dōmo ojama itash[i]mashita. Shitsurei shimasu.

Zusammenarbeiten

Zusammenarbeit erfordert gegenseitige Rücksichtnahme. Ein westlicher Geschäftsmann sollte sich nicht allein auf die Überzeugungskraft seiner Geschäftsidee verlassen, sondern das kulturelle Gepäck der japanischen Partner in sein Kalkül einbeziehen. Ein wichtiger Posten dieses Gepäcks ist das Ringi-System (Entscheidungsfindungsprozess). Äußerlich ähnelt dieses System einem Entscheidungsfindungsprozess, wie er im Westen abläuft: Jemand in der Firma, der eine Entscheidung zu einem Vorschlag oder Projekt sucht (zum Beispiel Beschaffung einer neuen Maschine oder Verbesserung eines Prozesses), schreibt die Einzelheiten auf, berechnet die Kosten usw. und heftet das Schriftstück in ein Zirkular. Nun beginnen die Unterschiede: Im Westen wird das Zirkular auf den Weg der Firmenhierarchie gebracht, also erst zum Chef, dann zu dessen Chef bis zum obersten Chef. Wenn der Vorschlag alle Hürden nimmt, ist er genehmigt.

In Japan wird das Zirkular zunächst nicht zur Chef-Ebene weitergereicht, sondern bleibt innerhalb der Gruppe, um die Zustimmung der Gleichrangigen einzuholen, die die Problematik kennen. Wenn die Gruppe zustimmt, wird es zu den Chefs geschickt. Falls der Vorschlag finanziert werden kann, ist deren Zustimmung Formsache. Als Außenstehender können Sie in den Entscheidungsfindungsprozess eingreifen, um ihn zu Ihren Gunsten zu beeinflussen. Im nachfolgenden Text finden Sie zahlreiche Tipps für mögliche Eingriffe.

Das Gesicht wahren

Reisei ni

Japaner legen viel Wert darauf, ihr Gesicht zu wahren und ihrem Gegenüber öffentliche Peinlichkeiten zu ersparen.
Sie sollten Situationen vermeiden, die Ihre Partner in Verlegenheit bringen könnten (z. B. emotionale Ausbrüche). Höflichkeit ist oberstes Gebot.

Die beiden Hauptkonzepte japanischen Verhaltens Honne (wahrheitsgemäße Absicht) und Tatemae (vordergründiges Verhalten) zielen auf die Wahrung des Gesichts ab. Honne bedeutet eine unbedingte Verpflichtung zur Wahrheit, d. h. kein Japaner darf einem anderen Menschen die Unwahrheit erzählen. Tatemae (wörtlich: Aufrichtung des Dachstuhls) erlaubt den Japanern Rücksicht auf den eigenen Status zu nehmen, das Gesicht zu wahren: Ein Japaner braucht einem Konkurrenten nicht ohne Not seine Geschäftsgeheimnisse zu offenbaren oder zu erzählen, wo er eine Goldmine vermutet.

Ein weiteres Motiv japanischen Verhaltens ist die Einstellung zur „Macht des Wortes". Ein Sprichwort sagt, „Worte sind wie Stockschläge auf die Schale eines bebrüteten Eies, sie beschleunigen bestenfalls die Geburt. Doch würde das Hühnchen nicht auch ohne Schläge schlüpfen?" Der Glaube an die Macht des Wortes ist nicht so groß wie im Westen, zumindest nicht, wenn das Wort eine Erkenntnis vermitteln soll. Man glaubt viel mehr daran, dass Erkenntnisse durch Vorbild, Beispiele oder durch Erfahrung zu vermitteln sind und verhält sich entsprechend. Man versucht den Gesprächspartner nicht durch Worte zu überzeugen oder zu überreden, sondern bringt ihn in die Situation, in der er die Erkenntnis, die ihm übermittelt werden soll, selbst erfährt oder erlebt.
Diese Verhaltensweise kann Ausländer manchmal ratlos machen. Doch verlieren Sie nicht die Geduld. Folgen Sie scheinbaren Umwegen, versetzen Sie sich in die Situation Ihres Partners. Meistens wird es sich für Sie lohnen, die wahre Absicht und Zusammenhänge nicht erklärt zu bekommen, sondern selbst zu erkennen. Der Zuhörer wird zum Nachdenken gebracht und dabei erkennt er die Absichten und Motive in ihrem Kontext ganz alleine.

Einleitende Worte ▸▸ 16 *Smalltalk*

Dōnyū no kotoba

Zur Einleitung eines geschäftlichen Treffens wird höfliche Konversation betrieben.

Pläne erklären

Keikaku nitsuite setsumei suru

Was können wir für Sie tun?
Nanika oyaku ni tatemas^u deshō ka?

So wie ich das sehe, suchen Sie nach …
Mita tokoro nanika osagashi no yō des^u ga…

Im Augenblick überprüfen wir …
Ima … o chekku sh^iteiru tokoro des^u.

Wie Sie wissen, ziehen wir in Betracht …
Gozonji no yō ni (… o) kangaete okimas^u.

Wir planen / haben beschlossen / sind dabei …
Watashitachi wa (… o) keikaku sh^ite imasu/kime mashita / sanka sh^ite imas^u.

Angebot und Nachfrage	juyō to kyōkyū
aus- / einführen	yushutsu / yunyū
ausbauen	kaisō suru, kyōka suru

beschaffen	chōtatsu suru
beteiligen / Beteiligung	sanka suru/shusshi
Dienstleistungen	sā bisu
erhöhen	takameru
erweitern, expandieren	kakudai suru
Gemeinschaftsunternehmen	gappei, jointo benchā
global	gurōbaru
Güter	shizai
Handelswaren	shōhin
Händler/in	shōnin
herstellen	seizō suru
Hersteller/in / Herstellung	seisaku sha/seizō
investieren / Investition	tōshi suru/tōshi
Konsortium	konsōshiamu
Konzession	ninka, eigyōken
Konzessionsgeber/in / -nehmer/in	eiogyōken shoyūsha / eigyōken shutokusha
Kooperation	teikei
Lieferant/in	sapuraiyā, nōnyūsha
Lizenz	raisensu
in Lizenz herstellen	kyoka o ukete seizō suru
Lizenzabkommen	raisensu kyōtei
Lizenzgeber/in / -nehmer/in	ninka-sha/ninka o uketa hito
Marktanteil	māketto sheā
Partner/in	torihiki aite
Patent	tokkyo
regional	chihō no
Strategie / strategisch	senryaku/senryaku teki ni
verbessern	kaizen suru
vergrößern	kakudai suru
vermarkten	shōhinka suru
verringern	herasu
vertreten / Vertretung	daikō suru/hanbai dairi
Vertrieb / Vertriebsnetz	hanbai/hanbaimō
weltweit	zensekai ni
Ziel	mokuhyō

Abklären

Akiraka ni suru

Der Vorgang des Abklärens bietet Möglichkeiten, den Entscheidungsprozess zu beeinflussen, z. B. durch situationsgerechte Nachbesserung des ursprünglichen Vorschlages.

Könnten Sie das bitte genauer beschreiben?
Sore o motto seikaku ni nobete kudasai masen ka?

Was genau haben Sie sich vorgestellt?
Dono hen made hakkiri to sōzō sh'te orareta no de shō ka?

Um was handelt es sich?
Nan no koto ni tsuite de shō ka?

Könnten Sie uns bitte mehr Informationen über … geben?
…ni tsuite motto jōhō o itadake masen ka?

Reagieren auf …
… ni kotaeru

Das ist ein sehr interessanter Vorschlag.
Sore wa hijō ni kyōmibukai teian des^u^.

(Das) könnte für uns von Interesse sein.
Kore wa watashi-tachi no kyōmi o hiku …ni chigai nai.

Wir haben dort leider schon eine Vertretung.
Ainiku soko niwa sudeni dairi-ten ga arimas^u^.

Leider fällt das nicht in unseren Bereich.
Zannen nagara sore wa watashi-tachi no businesu rain kara hazurete imas^u^.

Zur Zeit ist bei uns nichts dergleichen geplant.
Watashi-tachi no tokoro dewa mokka no tokoro onaji-mono wa keikaku sh^i^te imasen.

Verhandeln ▸▸ 12 *Pläne, Verträge*
Kōshō suru

—●●▸— *Verhandlungen sollten nicht von einem einzelnen, dazu noch jungen Geschäftsmann geführt werden, dies könnte als ein Zeichen der Geringschätzung des Geschäftspartners betrachtet werden. Japaner verhandeln im Rahmen von Delegationen, zu denen nicht nur die Chefs gehören, sondern auch Dolmetscher, einschlägige Fachleute und Bürohilfen. Zusätzlich nehmen Delegationsmitglieder teil, deren einzige Aufgabe es ist, aufmerksam zuzuhören und sich zu merken, wie häufig die Gegenseite ein bestimmtes Thema angesprochen hat: ein plausibles Mittel, um auf die eigentlichen Absichten oder Bedürfnisse der Gegenseite zu schließen.*

—▸— *In Japan spielt die Loyalität gegenüber der Gruppe eine große Rolle. Eine aggressive, fordernde Verhandlungstaktik, bei der man sich in die Rolle des Gegners begibt, ist daher nicht angebracht. Wichtig sind Geduld und Ausdauer, da Entscheidungen üblicherweise gemeinschaftlich getroffen werden und die Entscheidungsfindung in einer Gruppe länger dauert.*

—▸— *Sich über die Langsamkeit des Entscheidungsfindungsprozesses zu beklagen, ist wirkungslos, sich geschickt in ihn einzumischen, verspricht eine erfolgreiche geschäftliche Zusammenarbeit.*
Liefern Sie zusätzliche Informationen, beseitigen Sie Missverständnis-

se, passen Sie Ihr Angebot an oder machen Sie Konzessionen nicht erst, wenn es zu spät ist. Bringen Sie einflussreiche Verbündete ins Spiel .

Wir wären in der Lage Ihnen … anzubieten.
Watashi-tachi wa anata ni …o teikyō suru koto ga dekimas^{u}.

… so etwa um die …
… o megutte … no yō na nani ka.

Wir dachten eher an …
Dochiraka to ieba … o kangaete imashita.

Ist das Ihr äußerstes Angebot?
Sore ga onsha no saikō no tsukene des^{u} ka?

Wir machen Ihnen folgende Konzession …
Anata ni tsugino yō ni … jōho sh^{i}mas^{u}.

Weiter können wir nicht gehen.
Sore ijō wa watashi-tachi niwa dekimasen.

Das steht nicht zur Verhandlung.
Sore wa kōshō niwa haitte inai to omoimas^{u} ga.

Ich fürchte, dass unser Vorstand damit nicht einverstanden sein wird.
Tōsha no yakuin wa sore dewa nattoku shinai n ja nai ka to omoimasu ga.

Wir werden sicherlich eine gemeinsame Lösung finden.
Kyōtsū no kaiketsu-hō ga kitto mitsukaru to omoimasu.

Lassen wir das zuerst einmal beiseite.
Sore ni wa mazu no tokoro furenai de oki mashō.

Betrachten wir die Sache doch einmal aus einem anderen Blickwinkel …
Dewa sono koto o ichido hoka no kanten kara mite mimashō.

Konzentrieren wir uns doch zunächst auf das Wesentliche …
Mazu honshitsuteki na/konponteki na koto ni shūchū shite mimasen ka?

… danach sehen wir weiter.
…sorekara korekara no koto o kangaete mimashō.

Das Wichtigste für uns ist …
Watashi-tachi ni totte ichi-ban jūyō na no wa…

Angenommen wir …, wären Sie dann in der Lage …?
Watashi-tachi ga …dato katei sureba, anata(onsha) wa …dekiru jōtai deshō ka?

Wenn Sie …, könnten wir eventuell …
Moshi anata(onsha) ga … nara, watashi-tachi mo baaini yoreba …dekiru kamo shiremasen.

Wäre … eher akzeptabel?
…no hō ga mushiro ukeireyasui desu ka?

Alleinvertretung	dokusen dairi
Alleinvertriebsrecht	dokusen-hanbaiken
Angebot	kyōkyū, mitsumori
aus- / verhandeln	kōshō shite kimeru / kōshō suru
Bedarf	juyō
bezahlen / Bezahlung	shiharau, shiharai
fällig	manki no
Garantie	hoshō
als Gegenleistung	daishō to shite
Generalvertretung	dokusen dairi
Gewinnspanne	hanbai shūeki
Handel	shōbai, torihiki, bōeki
handeln	torihiki suru, akinau
Handelsspanne	baibai kakusa, mājin
handelsüblich	shōkanshūjō no
kaufen	kau
Kosten	hiyō, kosuto, genka
Kostenvoranschlag	hiyō no mitsumori
Lieferung	nōhin, haitatsu, hikiwatashi
Lieferpreis	kyōkyū kakaku
Liefertermin	nōki, ukewatashi bi
Lizenzgebühr	raisensu ryō, tokkyo ken shiyō ryō
Mindestertrag	fōru bakku
Preis	kakaku
Einkaufspreis	shiire-ne, kōbai kakaku
Ladenpreis	kouri-ne, teika
Listenpreis	hyōji kakaku, katarogu teika
Stückpreis	tanka
Verkaufspreis	hanbai kakaku
Preis ab Werk	kōjō watashi kakaku
Provision	tesūryō
Prozentsatz	hiritsu
Rabatt, Skonto	waribiki, nebiki
Rechnung	seikyū-sho
schlüsselfertig	sokuji nyūkyo kanō no
Steuer	zeikin
Mehrwertsteuer	VAT (fuka kachi zei)
überschreiten	chōka suru
Umsatz	uriage
verhandeln / Verhandlung	kōshō suru / kōshō
Verhandlungsbasis	kōshō no kiban
Verhandlungsführer/in	kōshō-sha
Verhandlungspaket	kōshō pakkēji
verkaufen	uru

Um Zeit bitten

Mō sukoshi omachi kudasai

Könnten wir eine halbe Stunde Pause machen?
Sanjuppun kan kyūkei ga dekimasu ka?

Ich brauche etwas Zeit, um das auszuarbeiten.
Sore o shiageru no ni sukoshi jikan ga kakari mas^{u}.

Ich muss das mit meiner Firma abklären.
Sore o watasho no kaisha to kaimei shinakereba narimasen.

Ich überprüfe das und komme dann wieder auf Sie zu.
Watashi wa sore o chekku shite kara mata anata to hanash^{i}mas^{u}.

Das Geschäft abschließen

Torihiki seiritsu

→ Ein klares hai („Ja") bedeutet für einen Japaner eine absolute Verpflichtung, um deren Erfüllung er sich mit allen Kräften und Mitteln bemühen wird, um nicht das Gesicht zu verlieren. Doch bis es soweit ist, werden Ablehnung oder Zustimmung weder verbal noch mimisch geäußert. Seine Ablehnung wird ein Japaner kaum durch ein direktes iie („Nein") äußern. Vielmehr wird eine ablehnende Haltung aus dem Kontext der Situation spürbar und durch Redewendungen wie „das ist schwierig" oder „das ist ein bisschen ungünstig" umschrieben. Wenn Japaner Kangae sasete itadaki masu („Ich werde mir das mal überlegen") sagen, sollten Sie sich keine allzu großen Hoffnungen auf einen erfolgreichen Abschluss machen, denn es bedeutet sehr wahrscheinlich eine Absage.

→ Formulierungen, die eher „Nein" bedeuten:

Ich werde es wohlwollend betrachten.
Maemuki ni kentō itash^{i}mas^{u}.

Ich werde mich darum bemühen.
Doryoku itash^{i}mas^{u}.

Ich werde es überprüfen und tun was ich kann.
Kentō sh^{i}te dekirukagiri no koto was itash^{i}mas^{u}.

→ Formulierungen, die ein „Ja" erwarten lassen:

Das entspricht eher unseren Vorstellungen.
Sore wa dochiraka to ieba watashi-tachi no imēji to icchi shite imas^{u}.

Damit könnten wir leben.
Sore de nara yatte ikemas^{u}.

Fassen wir noch einmal zusammen. Sie werden …
Mō ichi-do yōyaku shimashō. Sore wa …

Auf eine erfolgreiche Zusammenarbeit!
Kyōdō no jigyō de seika ga demas^u you ni!

→ *Wenn Sie sich während der Verhandlungen dazu entschließen, das Geschäft lieber nicht abzuschließen, sollten Sie dies mit höflichen Floskeln verständlich machen.*

Das muss ich mir erst noch einmal überlegen.
Sore ni tsuite wa mō ichido kangaete kara ni shimas^u.

Darüber muss ich erst noch einmal mit meinem Vorgesetzten sprechen.
Sore ni tsuite wa mō ichido jōshi to sōdan shite kara ni shimas^u.

Verträge ▸▸ 12 *Pläne, Verhandeln*
Keiyaku

→→→ *Seien Sie bei der Hinzuziehung juristischer Berater zu Verhandlungen und zum Abschluss von Verträgen vorsichtig! Juristen sind zwar auch in Japan hochbezahlte Professionelle, aber sie sind bedeutend seltener anzutreffen als in Amerika oder Europa. Juristische Auseinandersetzungen entsprechen nicht dem konfuzianischen Ideal einer harmonischen Gesellschaft. Japanische Konzerne, die im Ausland tätig sind, haben durchaus die Vorteile klar formulierter, juristisch konsistenter Verträge erkannt und bedienen sich dieser Form, aber in Japan steht dem die Tradition entgegen.*

Abkommen, Übereinkunft	torikime, gōi
Ablaufdatum	manki
Absatz	kōmoku, paragurafu
abschließen	musubu
Akkreditiv	shinyōjō
ändern / Änderung	henkōsuru / henkō
Anhang, Anlage	tsuishin, dōfū
aufheben	mukō ni suru
Auftrag	chūmon
ein Auftrag erteilen	…ni irai suru
aushandeln	kōshō shite kimeru
beglaubigen	ninshō suru
bestimmen / Bestimmung	kettei suru / kettei, kisoku
Bezahlung gegen	kōbunsho no shiharai
Bürgschaft	hoshō(keiyaku)
Eigentumsvorbehalt	shoyūken-ryūho
entwerfen	kian suru, dezain o kangaeru

erfüllen	mitasu, rikō suru
Erfüllungsort	rikōchi
fällig	manki no
Formulierung	hyōgen
Frist	kigen
Garantie	hoshō
Gerichtsstand	saiban kankatsu-chi
Geschäftsbedingungen	torihiki jōken
gültig	yūkō
haften für	...no sekinin o ou, hoshō nin ni naru
Haftung	saimurikō gimu, sekinin
beschränkte Haftung	yūgen sekinin
Klausel	jōkō
Rücktrittsklausel	keiyaku kaijō jōkō
Strafklausel	bakkin jōkō
in Kraft treten	kōryoku o hassuru
kündigen	kaiyaku o yokoku suru
Lieferbedingungen	nōnyū jōken
Lieferfrist / -termin	nōnyū kigen
null und nichtig	mukō
Paragraph	jōkō
per Prokura	dairi de, inin ni yori
Schadenersatz	songai baishō, hoshō
Termin	saishū kigen
termingerecht	kigen nai ni
unterschreiben	shomei suru
Unterschrift	shomei
Unterzeichner/in	shomei sha
unwiderruflich	tekkai dekinai, saishūteki na
unwirksam	mukō na
verbindlich	gimuzukerarete iru, kōsokuryoku o motsu
vereinbaren / Vereinbarung	torikimeru / torikime
verlängern	nobasu
Verpflichtung	gimu
versichern / Versicherung	hoshō suru / hoshō
Vertrag	keiyaku
Vertragsbruch, Vertragsverletzung	keiyaku ihan
Vertragserfüllung	keiyaku rikō
Vertragspartner/in	keiyaku aite
Verzicht	hōki, shikkō saseru
vorbehalten	ryūho
Vorkaufsrecht	sakigai-ken
Wechsel	tegata
Bankwechsel	ginkō tegata
Sichtwechsel	ichiran barai tegata
Zahlungsbedingungen	shiharai jōken

Probleme besprechen

Mondai ni tsuite hanashiau

Um ehrlich zu sein, …
Shōjiki ni ieba, …

Wir haben ein Problem mit …
… ni mondai ga arimas(u).

Wir sind eigentlich nicht zufrieden mit …
Watashi-tachi wa mattaku manzoku shite iru wake dewa nai no desu ga …

Mit … scheint es Missverständnisse zu geben.
… dewa gokai sareru yōni omoemasu ga.

Wir hatten uns das etwas anders vorgestellt.
Watashi-tachi wa sore o sukoshi chigatta fū ni sōzō shite imashita.

Laut Vertrag / Vertragsbedingungen …
… no keiyaku ni motozuite / keiyaku jōken

Vielleicht sollten wir … neu überdenken.
Tabun … nitsuite atarashiku kangaenaosu beki deshō.

Wir müssen neu verhandeln.
Watashi-tachi wa atarashiku kōshō shinakereba narimasen.

Besprechungen

Die Pflege von Geschäftsbeziehungen wird in Japan mit einem eigens dafür reservierten Wort – nemawashi – bezeichnet. Buchstäblich ist damit das „Zusammenbinden der Wurzeln" gemeint: Der Begriff stammt aus dem Gartenbau: Wenn ein Baum versetzt werden soll, gräbt man seine Wurzeln aus und beschneidet sie. Dann bleibt der Baum in derselben Erde ein Jahr stehen. So sorgfältig wie beim Umpflanzen eines Baumes gehen die Japaner auch im Geschäftsleben vor. So sollen Probleme und Hindernisse durch planmäßiges Handeln unbedingt vermieden werden. Auch von Ausländern wird erwartet, dass sie nemawashi betreiben, wenn sie mit Japanern Geschäfte machen. Jeder Schritt wird akribisch genau durchdacht, voreiliges Handeln vermieden.

Sitzordnung ▸▸ 7 *Gastronomie*

Kaigi no sekijun

Beide Parteien sitzen üblicherweise an gegenüberliegenden Seiten eines Tisches. Wenn die Gesprächspartner nicht allseitig bekannt sind, sollten Namensschildchen aufgestellt werden.

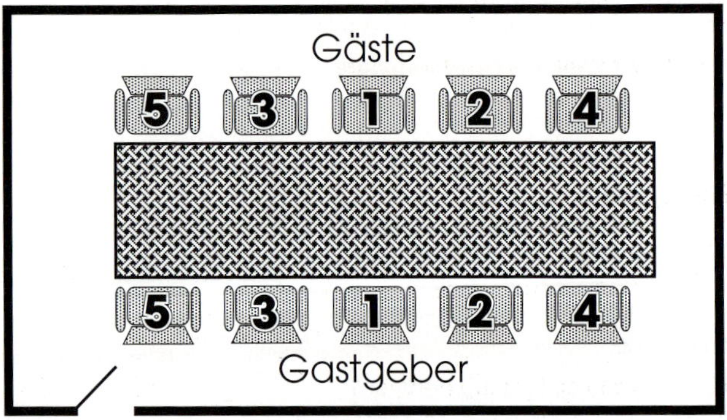

Aufwärmen ▸▸ 16 *Smalltalk*

Uōmingu appu

Gespräche werden im Allgemeinen mit höflicher Konversation begonnen, bevor man zu den eigentlichen Verhandlungen übergeht.

Die Besprechung eröffnen

Kaigi o kaikai suru

Seien Sie herzlich willkommen, wir freuen uns, Sie zu sehen.
Yōkoso irasshaimash^{i}ta. O-me ni kakarete uresh^{i}ku omoimas^{u}.

Wer führt das Protokoll?
Dare ga gijiroku o kakimasu ka?

Können wir beginnen? Ja, dann fangen wir an.
Hajimete yoroshii de shō ka? / jā hajimemashō.

Ich möchte gerne Herrn/Frau ... vorstellen.
... san o goshōkai shimas^{u}.

Ich glaube, Sie kennen alle Herrn/Frau ...
... san wa mina-san gozonji da to omoimas^{u}.

Tagesordnung

Giji nittei

Würden Sie bitte anfangen?
Dōzo kaigi o hajimete kudasaimasen ka?

Wir haben heute drei Punkte auf der Tagesordnung.
Kyō ha mittsu no gidai nitsuite hanashiaimas^{u}.

Es ist allen bekannt, worum es geht.
Nani ni tsuite ka wa mina-san ni shūchi no koto des^{u}.

Heute müssen wir über ... entscheiden.
Kyō wa ... ni tsuite kimenakereba narimasen.

Meinungen

Iken

Was meinen Sie dazu? / Wie sehen Sie das?
Kore ni tsuite anata wa dō omoware mas^{u} ka? / Kore o dō okangae des^{u} ka?

Möchten Sie dazu Stellung nehmen?
Sono koto ni tsuite hyōmei nasaritai des^{u} ka?

Noch irgendwelche Anmerkungen?
Mada nani ka komento ga arimas^{u} ka?

Ich persönlich denke, dass...
Watashi wa sore o tsugi no yō ni omoi mas^{u}...

Meiner Ansicht / Erfahrung / Meinung nach ...
Watashi no kenkai / keiken / iken de wa ...

Ich bin davon überzeugt, dass ...
Watashi wa ... o kakushin shite imas^{u}.

Das stimmt. / Genau.
Sono tōri des[u]. / Mattaku.

Ich bin der gleichen Ansicht.
Watashi mo onaji kenkai des[u].

Dabei bin ich mir nicht so sicher. / Ja, aber …
Sore ni tsuite watashi wa amari tashika ja arimasen. / Ee, demo…

Dem kann ich leider nicht zustimmen.
Zannen des[u] ga, sore niwa dōi dekimasen.

Es hängt davon ab, wie man es betrachtet.
Sore o dono yō ni minashite iru ka ni yori mas[u].

Im Gegenteil, …
Hantai ni, …

Bündeln und abklären

Hanashi no shōten o awase, kaimei suru

Ich möchte gerne zwei Anmerkungen machen. Erstens …, zweitens …
Ni-ten komento o tsukesasete itadakimas[u]. Hitotsu-me wa …, futatsu-me wa …

Es gibt hier verschiedene Gesichtspunkte: …
Kore niwa ironna kanten ga kangaerare mas[u]: …

Können Sie das bitte erläutern?
Soreni chūshaku o kuwaete itadakemasen ka?

Was verstehen Sie genau unter …?
…o seikaku niwa dono yō ni kaishaku sarete mas[u] ka?

Einerseits …; anderseits …
Ippō dewa …, tahō dewa …

Tatsache ist … / Das Hauptproblem ist …
Jijitsu wa … des[u]. / Mottomo jūyōna mondai wa … des[u].

Wir müssen akzeptieren, dass …
Watashi-tachi wa …o judaku shinakereba narimasen.

Was ich sagen wollte ist …
Watashi ga iitakatta koto wa …

Lassen Sie es mich folgendermaßen ausdrücken …
Tsugi no yō ni nobesasete kudasai …

Unterbrechen

Hanashi o chūdan suru

Japaner werden eine Rede nicht unterbrechen, da dies aus ihrer Sicht als sehr unhöflich gilt.

→ *Die sprichwörtliche Höflichkeit der Japaner braucht Sie jedoch nicht daran zu hindern, dort ein Gespräch zu unterbrechen, wo es begründet ist.*

Entschuldigen Sie bitte, aber ...
Sumimasen ga ...

Kann ich hierzu kurz etwas anmerken?
Kore ni mijikaku komento o kuwaete mo ii des^u ka?

Wenn Sie sich noch einen Moment gedulden würden, ...
Mō sukoshi shinbō shite omachi itadakerunara ...,

Könnte ich bitte zu Ende ausführen?
Suimasen, saigo made owarasete kudasaimasen ka?

Einen Augenblick noch, Herr/Frau ...
...sama shōshō o-machi kudasai.

Herr/Frau ..., ich glaube, Sie wollten dazu noch etwas anmerken.
...san, koreni kanshite sukoshi komento o okuwae ni naritai no dewa arimasen ka?

Könnten wir jetzt auf das Thema zurückkommen?
Ima tēma ni futatabi tachi modoremas^u ka?

Überleiten, zusammenfassen und schließen
Atarashii tēma ni ikō, yōyaku shite shimekukuru

Kommen wir nun zu Punkt zwei.
Dewa futatsu-me no gidai ni hairimasu.

Ich gebe jetzt an Herrn/Frau ... weiter.
Ima ...san ni owatashi shimasu.

Ich fasse noch einmal zusammen: ...
Mō ichi-do yōyaku shimas^u to...

Können wir uns auf ... einigen?
... ni gōi dekimas^u ka?

Wer ist dafür? Dagegen? Irgendwelche Enthaltungen?
...ni sansei no kata wa ? Hantai no kata wa ? Nanraka no kiken wa arimas^u ka ?

Nun, weiter kommen wir im Augenblick wohl nicht.
Ima no tokoro kore ijō wa susumemasen.

Wir sollten noch einen Termin für unsere nächste Besprechung festsetzen.
Korekara tsugi no kaigi no nittei o kimerubeki desu.

Dankeschön für Ihr Kommen.
Go-hōmon arigatō gozaimash^ita.

absagen	kotowaru
abstimmen	sanpi o kimeru
Antrag	mōshikomi / shutsugan
einen Antrag stellen	...o shinsei suru.
anwesend / abwesend	shusseki / kesseki
Besprechung	kaigi
eine B. abhalten	kaigi o hiraku
eine B. moderieren	kaigi no shikai o suru
eine B. vorbereiten	kaigi o junbi suru
dafür / dagegen	sore ni sansei / sore ni hantai
einladen	shōtai suru
einstimmig	manjō icchi no
Enthaltung	kiken, dannen
Entscheidungsfindung	kettei o tansaku shite miidasu.
informelles Gespräch	hikōshiki no hanashiai
moderieren / Moderator/in	shikai suru / shikai-sha
Planungsbesprechung	keikakuan nitsuite no hanashiai
Problemlösungsbesprechung	mondai kaiketsu no tame no hanashiai.
Projektgruppenbesprechung	projekuto grūpu no kaigi
Protokoll	gijiroku
das Protokoll führen	kiroku o sakusei suru
Sondersitzung	tokubetsu shūkai, tokubetsu kaigi
Sondierungsgespräch	tōjisha dōshi de saguriai no yobikaidan
Tagesordnung	kaigi no puroguramu
die Tagesordnung festlegen	kaigi no puroguramu o kimeru
Tagesordnungspunkt	gijinittei kōmoku
verschieben	enki suru
teilnehmen / Teilnehmer/in	shusseki suru / shusseki-sha
unentschieden	mikettei da, hikiwake da
Vorbesprechung	jizen no hanashiai

Präsentationen

Stil
Yarikata

••→ Denken Sie an das sprachliche Verständigungsproblem und verteilen Sie vor Ihrer Präsentation Kopien der Overhead-Folien an die Zuhörer.
→ Wenn Sie den Zuhörern noch nicht bekannt sein sollten, vergessen Sie nicht, sich vorzustellen. Nach Möglichkeit sollten Sie sich von einem Dritten vorstellen lassen.
→ Ihre Präsentation sollte von Tabellen und Diagrammen sowie von technischen Hilfsmitteln wie Projektoren für Dias oder Filmen unterstützt sein. Am Anfang sollten Sie, auf einem Blatt zusammengestellt, die wichtigsten Daten des Projektes präsentieren. Japaner nennen ein derartiges einseitiges Übersichtsblatt ichi ran hyō.
→ Drücken Sie sich in Ihrem Vortrag konkret aus und gehen Sie bei den wichtigen Aspekten ins Detail. Japaner wollen alle Phasen eines Projektes und seine Konsequenzen für die Zukunft erfassen, um unvorhergesehene Folgen ausschließen zu können. Dabei stellen sie mitunter Fragen zu Details, die ein Generalist nicht erwägen würde.
→ Aussagen in der Präsentation werden als verbindlich angesehen. Abweichungen des Projektverlaufes von Ihrer Präsentation müssen erklärbar sein. Die Präsentation kann zum Prüfstein Ihrer Zuverlässigkeit werden.
→ Wenn Sie sich schon im Voraus für Ihr „nicht so gutes" Englisch entschuldigen, auch wenn Ihre Kenntnisse recht passabel sind, so wirkt das bescheiden und damit positiv auf Ihr Vortragspublikum.
→ Denken Sie daran, dass das japanische Zahlendenken an 10 000 (man)-Stufen ausgerichtet ist, nicht an Stufen in Schritten von 1000 wie im Westen.

Entschuldigen Sie bitte, mein Englisch ist leider nicht mehr so flüssig.
Watashi wa Ei-go ga amari jōzu de nakute sumimasen.

... ich versuche mich also so kurz wie möglich zu fassen!
... dekirudake kantanni setsumei itashimasu.

Ausstattung ▸▸ 11 *Büroausstattung*
Sōbihin

Dia	suraido
Diaprojektor	suraido purojektā
Fernbedienung	enkakusōsa
Flipchart	furippu chāto
Folie	firumu
Folienschreiber	OHP(ō ecchi pī)

Handzettel	bira / chirashi
Jalousie, Rollo	buraindo
Lautsprecher	supīkā
Lichtschalter	dentō no suicchi
Marker	bōdo māka
Steckdose	konsento
Tafel	kokuban
Tageslichtprojektor	OHP(ō ecchi pī)
Verlängerungskabel	enchō kōdo
Videorekorder	VCR (bui shī āru)
Zeigestock	zutsuki-bō

Einleitung zur Präsentation

Purezentēshon e no junbi(tebiki)

Guten Morgen. Ich möchte mich zunächst kurz vorstellen. Mein Name ist …
Ohayō gozaimasu. Mazu jikoshōkai sasete itadakimasu. Watashi wa … to mōshimas^{u}.

Ich möchte Sie heute über … informieren.
Kyō minasama-gata ni … ni tsuite oshirase shiyō to omoimasu.

Vielen Dank, dass Sie mich zum Thema … eingeladen haben.
… no tēma nitsuite go-shōtai arigatō gozaimas^{u}.

Das Thema dieser Präsentation ist …
Kono purezentēshon no tēma wa …

Ich werde drei Hauptbereiche behandeln.
Watashi wa mittsu no bunya o daizai toshite atsukau tsumori desu.

Ich habe den Vortrag in vier Abschnitte gegliedert.
Watashi wa kōen o yottsu no shō ni wakemash^{i}ta.

Ich werde das erklären.
Watashi ga setsumei shimashō

Wir sollten … betrachten.
Watashi-tachi wa … o kansatsu subeki desu.

Alles in allem wird das ungefähr … Minuten in Anspruch nehmen.
Yōsuru ni … fun gurai jikan ga kakari masu.

Bitte unterbrechen Sie mich, falls irgendetwas nicht klar sein sollte.
Moshi nani ka fumei na ten ga gozaimashitara, watashi no hanashi o chūdan shite kudasai.

Ich stehe Ihnen dann nach dem Vortrag gern für Fragen zur Verfügung.
Kōen no ato yorokonde go-shitsumon ni okotae shimas^{u}.

Orientierungswörter

Shishin to naru kotoba

zuerst / erstens
mazu / dai ichi ni

zweitens / drittens
dai ni ni / dai san ni

dann / daran anschließend / danach
Dewa / sore ni hikitsuzuite / sono ato

schließlich
saigo ni

Einerseits … / Andererseits …
Ippō dewa … / tahō dewa…

Zusammenfassen und beenden

Yōyaku shite owarru

Ich fasse dann noch einmal zusammen: …
Dewa mō ichi-do matomemasu to. …

Mit anderen Worten …
Hoka no kotoba de ieba …

Abschließend möchte ich …
Hikitsuzuite … -tai des^{u}.

Schließlich …
Saigo ni

Vielen Dank für Ihre Aufmerksamkeit.
Go-haichō arigatō gozaimashita.

Für Ihre Fragen stehe ich gern zur Verfügung.
Goshitsumon ga areba yorokonde okotaeshimas^{u}.

Beifall

Hakushu o okuru

→ *Applaus ist nach geschäftlichen Präsentationen nicht üblich.*

Fragen zur Präsentation

Purezentēshon ni tsuite no shitsumon

Gibt es noch Fragen?
Mada shitsumon ga arimasu ka?

Ich hätte eine Frage zu ...
... ni kanshite shitsumon ga aru no des^{u} ga.

Wenn ich Sie richtig verstanden habe, ...
Moshi watashi ga anata o tadashiku rikai sh^{i}ta nara ...

Das ist eine interessante Frage.
Sore wa kyōmibukai shitsumon des^{u}.

Gut, dass Sie das ansprechen.
Sore ni tsuite hanashikakete kudasatte arigatō.

Was ich damit sagen will, ist ...
Watashi ga sore de iitai no wa ...

Ich meine damit ...
Watashi ga itte iru no wa ...

Ich kann dem eigentlich nichts mehr hinzufügen.
Watashi wa sore ni tsuite jissai nani mo iitasu mono ga arimasen.

Leider gibt es darauf bis jetzt noch keine Antwort.
Zannen nagara ima made mada sore ni kanshite nan no kaitō mo arimasen.

Ich glaube, Herr/Frau ... könnte das am besten beantworten.
Sore ni tsuite wa ... san ga ichiban yoku kotaerareru to omoimasu.

Kommen wir nun zur nächsten Frage.
Dewa tsugi no shitsumon ni hairimas^{u}.

Gut, dann dürfen wir die Präsentation beenden.
Sore de jūbun des^{u}. Dewa purezentēshon o owarasete itadakimas^{u}.

Ich würde mich freuen, Sie künftig im Rahmen des Projektes wiedersehen zu können.
Kono purojekuto de mata ome ni kakarereba uresh^{i}ku omoimas^{u}.

Geschäftliche und private Einladungen

Wenn Sie in Japan zu Besuch sind, werden Sie von Ihren Gastgebern häufig zu privaten d. h. nicht unmittelbar geschäflichen Anlässen eingeladen. Sie selbst sollten sich mit Einladungen zu geselligen Zusammenkünften zurückhalten – natürlich nicht bei geschäftlichen Anlässen. Wenn man Sie eingeladen hat, müssen Sie keine Anstalten treffen, die Rechnung zu begleichen. Sie sollten sich aber revanchieren, wenn Sie japanische Geschäftsfreunde in Ihrer Heimat empfangen.

Shows und Veranstaltungen
Shō to ibento

Wenn Sie von Ihren Geschäftspartnern zu privaten Anlässen eingeladen werden, dann denken Sie daran, dass dies dem gegenseitigen Kennenlernen dienen soll.

Haben Sie heute Abend schon etwas vor?
Konban nani ka go-yotei ga o-ari des^{u} ka?

Es gibt eine gute Show in …
…de suteki na shō ga arimas^{u}.

Theaterstück / Konzert / Ausstellung
Shibai / ensō-kai / tenran-kai

Wir dachten, das würde Sie vielleicht interessieren.
Tabun anta-sama ga kyōmi o omochi darō to omotte imashita.

Wir haben Karten für …
…no kippu ga arimas^{u}.

Vielen Dank! Das wäre schön.
Arigatō gozaimashita. Moshi sō nareba subarashii to omoimas^{u}.

Das war fantastisch! Es hat mir wirklich gut gefallen!
Totemo subarashikatta des^{u}. Sukkari ki ni irimashita.

Essen mit Geschäftspartnern ▸▸ 7 *Gastronomie*
Torihikisaki to issho ni shokuji o suru

Wir würden Sie gerne zum Essen einladen.
Anata-sama o shokuji ni go-shōtai shitaku omoimas^{u}.

Es gibt ein gutes Restaurant hier ganz in der Nähe.
Kono chikaku ni ii resutoran ga arimas^{u}.

Es gibt dort sehr gute regionale Spezialitäten.
Soko ni wa totemo oishii kyōdo-ryori ga arimas^{u} yo.

Das hört sich gut an.
Kiita kagiri dewa yosasō des^{u}.

Was würden Sie empfehlen?
Anata wa nani o osusume shite kudasai mas^{u} ka?

Der/Die/Das ... sind hier sehr gut.
......wa koko dewa totemo oishii des^{u}.

Ich nehme hier immer ...
Watashi wa koko dewa itsumo ...o tabemas^{u}.

Guten Appetit.
Itadakimas^{u}.

Das sieht gut aus.
Totemo oishisō desu ne.

Das war ausgezeichnet!
Saikō no aji deshita!

Beim Essen übers Geschäft reden ▸▸ 16 *Smalltalk*
Shoku-ji no ba de shigoto ni tsuite kataru

Früher war es in Japan üblich, beim Essen mit dem Geschäftspartner über wichtige geschäftliche Dinge zu reden. Diese Gewohnheit hat jedoch in der letzten Zeit einen Wandel erfahren. Neuerlich spielt man mit dem Geschäftspartner Golf und beredet dabei wichtige Geschäfte. Nach dem Golfspiel geht man zum gemeinsamen Essen. Wenn keine Mitarbeiter hinzukommen, sind die Geschäfte dann bereits besprochen.

Wer übernimmt die Rechnung?
O-kanjō wa dare ga harai mas^{u} ka?

Wer nach einem Geschäftsessen bezahlt, wird nicht von festen Regeln bestimmt. Wenn Sie allerdings nicht wollen, dass Ihnen Ihre japanischen Geschäftsfreunde zuvorkommen, müssen Sie sehr schnell sein.

Japaner sehen sich eine Rechnung nicht näher oder gar nicht an. Der Betrag stimmt in den allermeisten Fällen. Ein Trinkgeld ist nicht erforderlich.

Das übernehme ich.
Watashi no ogori des^{u}.

Nein, nein, Sie sind unser Gast!
Tondemo nai. Anata wa watashi-tachi no daiji na okyaku-sama nan desu yo !

Haben Sie vielen Dank!
Dōmo arigatō gozaimash^{i}ta.

Besucher nach Hause einladen

O-kyaku-sama o jitaku ni shōtai suru

In Japan ist es nicht üblich, Geschäftsfreunde nach Hause einzuladen. Sollten Sie als Ausländer trotzdem eingeladen werden, dann halten Sie sich bitte an bestimmte Regeln.

Die erste bezieht sich auf das Tragen von Schuhen. Gleich hinter dem Eingang befindet sich eine kleine Diele (genkan), die für die Schuhe vorgesehen ist. Beim Ausziehen der Schuhe sollten Sie dem Gastgeber nicht den Rücken zukehren und sie so abstellen, dass ihre Spitzen zur Tür zeigen. Falls Sie nicht direkt den Wohnraum betreten, sondern ihn erst über Flure oder Gartenwege erreichen, bekommen Sie ein Paar Pantoffeln. Ein mit Strohmatten (Tatami) ausgelegtes Zimmer sollten Sie nur in Strümpfen betreten. Sollten Sie die Toilette benutzen wollen, so wechseln Sie vor der Toilettentür erneut die Pantoffeln. Benutzen Sie die „Toilettenpantoffeln" nicht außerhalb der Toilette.

In japanischen Wohnräumen setzt man sich nicht auf einen Stuhl, sondern hockt mit gekreuzten Beinen (Männer; Frauen auf den Knien) vor dem Tisch auf der Tatami-Matte. Für Europäer ist das eine nicht einfach zu ertragende Übung, daher dürfen Sie diskret Ihre Beine unter dem Tisch ausstrecken.

Meine Frau und ich würden Sie gerne zum Essen einladen.
Kanai to watashi wa anata o shokuji ni go-shōtai shitai to omotte imas[u].

Vielen Dank! Das ist sehr nett von Ihnen.
Sore wa go-shinsetsu ni arigatō gozaimasu.

Ich hole Sie um ... Uhr vom Hotel ab.
Watashi ga ...ji ni anata o hoteru ni o-mukae ni mairimas[u].

Gibt es etwas, das Sie nicht mögen?
Nani ka okuchi ni awanai mono ga arimas[u] ka?

Tja, eigentlich bin ich Vegetarier/in / Diabetiker/in / allergisch gegen ...
Motomoto watashi wa saishoku-shugisha des[u]./ tōnyōbyō des[u]./ ...ni taishite arerugī-hannō o okosh[i]mas[u].

Ich darf kein/e/n ... essen.
...o taberu koto wa o-isha-sama ni kinjirarete imas[u].

Herzlichen Dank, aber leider reise ich morgen ab.
Dōmo arigatō gozaimas[u]. Sekkaku desu ga, ashita tabi ni demas[u].

Das ist aber schade! Vielleicht klappt es ja ein anderes Mal.
Sore wa zanen des[u]. Tabun betsu na kikai ni wa umaku iku deshō.

Ein Geschenk mitbringen
Okurimono o motte iku

→ *Wenn Sie privat eingeladen werden, sollten Sie ein Geschenk mitbringen. Bitte beachten Sie dabei Folgendes:*
→ *„In Japan verschenkt man keine Dinge, sondern Herz." Daher kommt es mehr auf die kunstvolle Verpackung als auf den materiellen Wert des Inhalts an.*
→ *Als Mitbringsel eignen sich Dinge des täglichen Gebrauchs und Süßigkeiten. Wenn Sie Ihr Geschenk in einem der großen Kaufhäuser erstehen, wird es angemessen eingepackt. Sehr willkommen sind Geschenke, die Sie aus Ihrer Heimat mitbringen. Zimmerpflanzen sind hingegen kaum geeignet, insbesondere nicht Blumengebinde, die als Grab- oder Altarschmuck gelten.*
→ *Achten Sie auf eine hübsche Verpackung.*
→ *Schenken Sie nie eine gerade Anzahl von Gegenständen, insbesondere nicht „vier" (Tod), aber auch nicht „neun" (Leiden). Weiß ist die Farbe der Trauer, daher könnten weiße Gegenstände eher auf die Beendigung einer Beziehung hindeuten.*
→ *Ihr Geschenk übergeben Sie gleich nach der Begrüßung an der Eingangstür.*

Es ist nichts Besonderes, eine Kleinigkeit für Sie, bitte schön.
Kore wa tsumaranai mono des^{u} ga dōzo.

Dies ist ein typisches Mitbringsel aus meiner Heimat.
Kore wa watashi no kuni no miyagemono des^{u}.

Dank und Komplimente
Orei to oseji

→ *Wenn man ein Geschenk mitbringt, ist es üblich, ein Gegengeschenk zu erhalten.*

Vielen Dank für Ihre Mühe.
Go-shōtai dōmo arigatō gozaimash^{i}ta.

Vielen Dank für die freundliche Einladung.
Goshinsetsu ni go-shōtai dōmo arigatō gozaimash^{i}ta.

Das ist aber ein wunderschönes Haus / ein herrlicher Garten!
Totemo sutekina o-sumai / migotona o-niwa des^{u} ne!

Bei Tisch
Shokutaku de

→ *Japanisches Essen wird nicht in Form von „Gängen" serviert. Das Essen kommt in kleinen Schälchen auf den Tisch und es bleibt Ihnen selbst überlassen, in welcher Reihenfolge Sie diese in Angriff nehmen. Nach einiger Zeit wird Ihr Platz mit vielen bunten Schälchen bedeckt sein. Sie brauchen nicht jedes Schälchen zu leeren, lediglich Ihre Reisschale sollte am Ende des Mahls geleert sein.*

Darf ich Ihnen noch etwas anbieten?
O-kawari ikaga desu ka?

Vielen Dank. Es hat sehr gut geschmeckt, aber ich kann wirklich nicht mehr.
Arigatō gozaimasu. Totemo oishii des^{u}. Demo mō kekkō des^{u}.

Na ja, vielleicht ein ganz klein wenig.
Jā mō sukosh^{i} dake demo.

Zeit zu gehen
O-itoma suru

—●—●→ *In Kyoto ist es üblich an den Aufbruch zu denken, wenn* bubuzuke *(eine Schale Reis, mit grünem Tee übergossen) angeboten wird.*

Ach, ist es schon so spät? Dann wird es aber Zeit für mich.
Aha, mō konna jikan desu ka. Sorosoro o-itoma shinakere ba.

Könnten Sie mir bitte ein Taxi bestellen?
Takush^{i}i o ichi-dai yonde kudasaimasen ka?

Vielen Dank für den netten Abend!
Tanoshii yoru o sugosasete itadaki dōmo arigatō gozaimash^{i}ta.

Sie müssen uns unbedingt besuchen, wenn Sie das nächste Mal hier sind.
Jikai kochira e o-koshi no ori niwa zehi o-tachiyori kudasai.

Dankschreiben
Reijō o kaku

—●—●→ *Die Japaner legen größten Wert auf die Kontinuität der Beziehungen zwischen Menschen und Unternehmen. Es ist üblich, sich kurz schriftlich bei den Gastgebern für die Einladung zu bedanken. Auf der folgenden Seite sehen Sie ein Beispiel hierfür.*

Sehr geehrte/r ...,

für den sehr netten Abend in Ihrem gemütlichen Heim möchte ich mich ganz herzlich bedanken. Das Essen war vorzüglich und ich habe mich gefreut, bei dieser Gelegenheit auch Ihre reizenden Kinder kennen zu lernen. Wir würden uns sehr freuen, wenn wir Sie bei Ihrer nächsten Reise hierher als Gast bei uns begrüßen dürften.

Herzliche Grüße

... sama
o-taku de no tanoshikatta yūbe e go-shōtai dōmo arigatō gozaimashita. Ryōri wa ichiryū no aji desh^{i}ta. Kono kikai ni anata-sama no miryokuteki na okosan to shiriai ni nareta koto o totemo uresh^{i}ku omotte imas^{u}. Anata-sama ga tsugi ryōkō ni dekakerareta sai watashidomo de o-kyakusama toshite o-mukae dekire ba konouenaku ureshiku omoims^{u}.

keigu

Smalltalk ▸▸ 2 *Interesse zeigen*

Ein Gespräch einleiten
Kaiwa o hajimeru

Auch in Japan fällt man nicht mit der Tür ins Haus. Zudem dient Smalltalk der Vertrauensbildung. Vor allem, wenn Sie geschäftlich bei japanischen Kunden sind, sollten Sie die Phase des Smalltalks dazu nutzen, Näheres über die unausgesprochenen Bedürfnisse des Kunden in Erfahrung zu bringen. Üblicherweise befragt der Besuchte gleich nach der Begrüßung zuerst Sie, den weit Gereisten, über den Verlauf Ihrer Reise.

Hatten Sie eine angenehme Reise?
Kaitekina tabi deshita ka?

Wegen des Jetlags infolge eines West-nach-Ost-Fluges:

Danke der Nachfrage, ich bin gestern angekommen und konnte mich ausruhen.
Tazunete kudasatte arigatō. Kinō tsuite yukkuri yasumemashita.

Entschuldigen Sie, ich bin heute Morgen gelandet und fühlte mich fit, doch nun überfällt mich Müdigkeit.
Sumimasen, kesa tsuite taichō wa ii no desu ga, taihen tsukaremashita.

Sind Sie das erste Mal in Japan?
Nihon wa hajimete desu ka?

Ja, es ist das erste Mal.
Hai, hajimete desu.

Wie ist ihr erster Eindruck von Japan?
Nihon no daiichi inshō wa dō desu ka?

Themen und Tabus ▸▸ 1 *Was Japaner von uns wissen*
Topics and taboos

Ihre Gastgeber wollen herausfinden, wer Sie sind, fragen aber nicht direkt. Erzählen Sie daher Interessantes aus Ihrem Alltag. Sprechen Sie Themen an, die Japaner im Bewusstsein haben, wenn sie an Deutschland, Österreich oder die Schweiz denken. Berichten Sie von Autobahnen ohne Geschwindigkeitsbegrenzung, von den romantischen Seiten Heidelbergs und Rothenburgs, von der Ökologiebewegung, von Abfallbeseitigung und Solarenergie, vom Meistersystem, von deutschen Fußballspielern in Japan sowie von Steffi und Boris, aber auch davon, dass Ihnen das japanische Essen schmeckt.

••→ Folgende Themen sind tabu, sofern Sie sie nicht mit Geschick behandeln:
→ Baseball: Es könnte sein, dass Ihre Gesprächspartner Fans der gegnerischen Mannschaft sind.
→ Religion: Sie wird in Japan als Privatsache betrachtet.
→ Wetter: Dieses Thema wird in Japan als banal betrachtet.
→ Privatangelegenheiten.
Da Japaner schlecht das Alter eines Westlers abschätzen können, werden Sie nach Ihrem Alter gefragt.

••→ Sprechen Sie vor allem Themen an, die Ihnen Hinweise auf die Bedürfnisse Ihrer Kunden liefern.

Familie

Kazoku

••→ Da Japaner familienbewusst sind, werden Sie sehr wahrscheinlich danach gefragt, ob Sie verheiratet sind und Kinder haben.

Sind Sie verheiratet?

Kekkon shite imas^{u} ka?

Haben Sie Kinder
Okosan ga arimas^{u} ka?

Was machen Ihre Kinder?
Okosan wa nani o shite oraremasu ka?

Sie gehen noch in den Kindergarten / zur Schule / studieren noch.
Mada yōchien / gakkō / daigaku ni itte imas^{u}.

Sie arbeitet als Au-pair-Mädchen.
ōpea gāru to shite hataraite imas^{u}.

Sie sammelt gerade ein wenig praktische Erfahrung.
Chōdo jisshū o shite keiken o tsunde imas^{u}.

Leben Ihre werten Eltern noch?
Goryōshin wa kenzai desu ka?

Ja, danke der Nachfrage.
Okagesama de genki des^{u}.

Benzinpreise

Gasorin no nedan

Kürzlich war ich an der Sakura-Tankstelle, dort kostete das Benzin 98 yen pro Liter.
Kono aida Sakura-Gasorinsutando ni ittekimashita ga, gasorin wa 98en deshita yo.

Gerade ist eine „Ölpreis-Aktion“ angelaufen, wirkt sie sich hier aus?
Oiru-kyanpēn shiteiru yō des^{u} ga oiru wa bochibochi des^{u} ka?

Ah ja, zu welchem Preis?
ā sō des^{u} ka, dono kurai de?

Ich werde mich erkundigen und es Ihnen das nächste Mal mitteilen.
Mite oite tsugi ooshie shimashō.

Golf

Gorufu

Das war zu schade mit Janbo* kürzlich.
Janbo* oshikatta des^{u} ne.

Wirklich schade.
Sō des^{u} ne.

Wie stand es kürzlich mit Ihrer Punktzahl, Herr Seki?
Seki-san, anata no SUKOA wa saikin dō des^{u} ka.

**Janbo: Janbo ozaki* = *die Golfmeisterschaft*

Geschäft ▸▸ 10 *Unternehmensorganisation und -struktur*

Shigoto

Sind Sie geschäftlich hier?
O-shigoto de irasshatte ru no des^{u} ka?

In welcher Branche sind Sie tätig?
Dono gyōmu-bumon de irasshai mas^{u} ka?

Und Sie?
Anata wa?

Darf ich Ihnen meine Karte geben?
Meishi o sashiagete yoroshii de shō ka?

Wie viel Mitarbeiter hat Ihre Firma?
Jūgyō-in wa nan-nin irasshai mas^{u} ka?

Wo ist Ihr Firmensitz?
Hon-sha wa doko des^{u} ka?

Sind Sie schon lange bei der Firma?
Anata wa mō kono kaisha ni nagaku otsutome des^{u} ka?

Länder und Regionen ▸▸ 1 *Länder und Nationalitäten*

Kuni to chihō

Sind Sie zum ersten Mal in …?
…wa hajimete des^{u} ka?

Wie finden Sie es?
Inshō wa dō desu ka?

Und woher kommen Sie?
De, doko kara irasshai mash^{i}ta ka?

Wo ist das genau?
Seikaku niwa doko des^{u} ka?

Es ist in Nord- / Ost- / Westl- / Süd-…
Sore wa kita. / higashi / nishi / minami ni arimas^{u}.

Es ist eine bergige Gegend. / Es ist ziemlich hügelig.
Sore wa sangaku-chitai ni arimas^{u}. / Soko wa kanari kyūryō des^{u}.

Es ist eher flach.
Dochira ka to ieba taira des^{u}.

Städte 1 *Städte,* 8 *Geschichte, Kultur, Religion, Unterhaltung*

Tokai

Ich komme aus einer Kleinstadt / Großstadt.
Watashi wa inaka / daitokai shusshin des^{u}.

Es liegt an der Küste / im Landesinneren.
Kaigan ni sotte / nairiku-bu ni arimas^{u}.

Das sind ungefähr … Kilometer von …
…kara yaku … kiromētā hanarete imas^{u}.

Es hat ungefähr … Einwohner.
Jinkō wa yaku … nin des^{u}.

Es wurde im … Jahrhundert gegründet.
Sore wa … seiki ni setsuritsu saremash^{i}ta.

… wurde dort geboren / lebte dort / starb dort / liegt dort begraben.
… wa soko de umaremashita. / soko ni sunde imash^{i}ta. / soko de nakunari mash^{i}ta / soko de hōmurare mash^{i}ta.

Dort fand … statt.
Soko de … ga okori mash^{i}ta.

Der Hauptwirtschaftszweig ist …
Omo na sangyō-bumon wa … des^{u}.

Viele leben ohne ihre Familie am Arbeitsort.
Tanshin-funin-sha ga ōi des^{u}.

Sehenswürdigkeiten und Andenken

Meisho to miyage-hin / kinen-hin

▸▸ 8 *Geschichte, Kultur, Religion, Unterhaltung*

Was ist besonders sehenswert hier?
Koko dewa nani ga mimono des^{u} ka?

Sie müssen unbedingt … besichtigen / besuchen.
Anata wa zehi …o mi / tazune nakereba narimasen.

Ich würde meiner Familie gern etwas mitbringen.
Kazoku ni nani ka omiyagemono o kaitai to omoimas^{u}.

Was ist typisch für diese Gegend?
Kono atari de wa nani ga tenkeiteki des^{u} ka?

Diese Gegend ist sehr bekannt für Wein / Töpferei / Glas.
Kono atari wa wain / tōgei / garasu-seihin ga totemo yūmei desu.

Ich an Ihrer Stelle würde ihnen ein Andenken mitbringen.
Moshi watashi ga anata no tachiba dattara, o-miyage ni motte ikudeshō.

Fitness

Kenkō

Wie halten Sie sich fit?
Anata wa donoyō ni shite taichō o totonoete orare mas^{u} ka?

Ich spiele einmal in der Woche Tennis / Golf.
Watashi wa shū ni ichi-do tenis^{u} / gorufu o shite imas^{u}.

Ich gehe ziemlich regelmäßig ins Fitnesscenter.
Kanari kisokuteki ni "herusu kurabu" ni kayotte imas^{u}.

Ich jogge / schwimme / fahre Rad.
Watashi wa joggingu / suiei o shimasu. jitensha ni norimas^{u}.

Ich gehe nach der Arbeit mit dem Hund spazieren.
Watashi wa shigoto no atode inu no sanpo o shimas^{u}.

Hobbys

Shumi

Ich höre Musik / singe in einem Chor.
Watashi wa ongaku o kiki mas^{u} / gasshō de utatte imasu.

Meine Frau und ich sind Mitglieder eines Tanzvereins.
Kanai to watashi wa dansu-kurabu no kai-in des^{u}.

Ich lese viel / male ein wenig.
Yoku dokusho o shimas^{u} / sukoshi e o kakimas^{u}.

Ich bastele ein wenig / arbeite im Garten.
Watashi wa sukoshi shumi no kōsaku / niwashigoto o shimas^{u}.

Ich sammele Antiquitäten / Briefmarken / Postkarten.
Kottōhin / kitte / ehagaki o atsumete imas^{u}.

Ich interessiere mich für …
Watashi wa …ni kyōmi ga arimas^{u}.

Ich bin bei … noch aktiv.
Watashi wa …de mada geneki des^{u}.

Hilfe!

Im Folgenden sind einige wichtige Adressen aufgeführt, die Ihnen nützlich sein können:

Botschaft Deutschlands:
106 Tokyo-to, Minato-ku, Minami Azabu 4-5-10
CPOB 955
Tel: 0081-3-343 701 51 Fax:0081-3-347 342 43

Generalkonsulat Deutschlands:
Umeda Sky Buildung Tower 35F1-1-88-3501,
ōyodonaka, kita-ku, Osaka-shi, OSAKA
531-6035 Osaka kobe
Tel: 0081-6-6440-5070 Fax:0081-6-6440-5080

Deutsche Industrie- u. Handelskammer:
Sanbancho KS Bldg. 5F
Sanban-cho 2, chiyoda-ku, Tokyo
102-0075 (Zainichi Doitsu Shōkō kaigisho)
Tel:0081-3-5276-9811 Fax:0081-3-5276-8733

Fundbüro

Ishitsu-butsu hokansho

Ich habe meine Aktentasche verloren.
Shorui-kaban o nakushimash[i]ta.

Ist eine abgegeben worden?
Todokeraremash[i]ta de shō ka?

Können Sie sie beschreiben?
Sore o kuwashiku nobete itadakemasen ka?

Sie ist aus schwarzem Leder und hat meine Initialen an der Außenseite.
Hai, sotogawa ni watashi no inisharu ga haitta kuroi kawa-sei no kaban des[u].

Stoff / Metall / Aluminium / Gold / Silber / Messing / Kunststoff
Nuno-sei / kinzoku-sei / aruminiumu-sei / kin-sei / gin-sei / shinchū-sei / purasuchikku-sei

Griff / Verschluss / Schloss / Kombinationsschloss
Sage-kawa / futa / kagi / kumiawase-daiarujō

Irgendein besonderes Fabrikat?
Tokubetsu na burando-shōhin no hitotsu des[u] ka?

Wann haben Sie sie zum letzten Mal gesehen?
Saigo ni sore o mimash[i]ta no wa itsu des[u] ka?

Wertsachen
Kichōhin

Armband	udewa
Armbanduhr	udedokei
Brieftasche	kamiire
Brosche	burōchi
Dokument	shorui
Feuerzeug	raitā
Fotoapparat	kamera
Halskette	nekkuresu
Handtasche	handobaggu
Kette	chēn
Kreditkarte / Scheckkarte	kurejitto kādo
Pasu	pasupōt
Personalausweis	mibunshōmeisho
Portemonnaie	saifu
Reisescheck	toraberāchekku
Ring	yubiwa
Schlüssel	kagi
Umhängetasche	shorudābaggu

Diebstahl und Überfälle

Tōnan to gōtō

Ich bin beraubt / überfallen worden.
Watashi wa tōnan / gōtō ni aimashita.

Mein/e ... ist gestohlen worden.
Watashi no ...ga nusumaremashita.

Wann / Wo ist das genau passiert?
Seikaku ni wa Itsu/doko de desu ka?

Ich habe alle meine Papiere verloren: Ausweis, Führerschein, Kreditkarte und Bargeld.
Shorui o zenbu nakushimashita: shōmeisho, untenmenkyosho, kurejittokādo, genkin.

Wenden Sie sich bitte an die deutsche/österreichische/Schweizer Botschaft.
Doitsu/ōsutoria/Suisu taishikan ni renraku shite kudasai.

Ihren Namen und Ihre Anschrift bitte.
Anata no namae to jūsho o onegai shimasu.

Bei Verlust der Scheckkarte haben Sie 24 Stunden Zeit, die Schecks sperren zu lassen.
Kogittefunshitsu no baai,24-jikan inai nara son o shionaide shiharai o teishi saseru kotoga dekimasu.

Verkehrsunfall

Kōtsūjiko

Ich habe gerade einen Unfall gehabt / gesehen.
Ima kōtsūjiko ni aimashita. / o mimashita.

Jemand ist verletzt worden.
Dareka ga kega o shimashita.

Schicken Sie bitte einen Krankenwagen. Es ist dringend.
Kyūkyūsha o yonde kudasai. Kinkyū desù.

... kam aus einer Seitenstraße
.... wa wakimichi kara kimashita

... hat mir die Vorfahrt genommen
... wa yūsentsūkō o ihan shimashita

... hat nicht geblinkt / fuhr bei Rot
... wa uinkāo sadō sasemasen deshita / aka-shingō o hashiri mashita

... konnte nicht rechtzeitig anhalten / bremste plötzlich
... wa maniauyō ni teishi shinakatta / totsuzen brēki o kaketa

... stieß frontal mit mir zusammen / fuhr mir hinten auf
... wa watshi to shōmenshōtotsu shimashita / ushiro kara butsukari mashita

Hier sind meine Versicherungspapier.
Koko ni watashi no hokensho ga arimasu.

Medizinische Hilfe

Iryō shochi

Japans medizinische Vorsorgung und Einrichtungen befinden sich auf einem hohen Niveau. Viele Ärzte und Zahnärzte verstehen deutsch. Auch in den konfessionell geführten Krankenhäusern in den großen Städten werden ausländische Patienten behandelt. Englischsprachige Ärzte können Sie auch im englisch geschriebenen Telefonbuch unter der Rubrik Iin, Byōin *(Krankenhaus) ausfindig machen.*

In der Apotheke

Kusuri-ya de

Im Allgemeinen erhält man die nötigen Medikamente direkt vom Arzt.
In den Apotheken können Sie fast alle Medikamente, ausgenommen starke Schlafmittel, morphiumhaltige und andere starke Medikamente, zu Marktpreisen frei kaufen.

Ich brauche Pflaster / Verbandszeug / Desinfektionsmittel.
Bansōkō / hōtai-zairyō / shōdoku-zai ga hitsuyō des^u^.

Haben Sie etwas gegen Schlaflosigkeit?
Fumin-shō ni nanika ii kusuri ga arimas^u^ ka?

eine Erkältung / Husten / Halsschmerzen / Bronchitis / Grippe
kazehiki / seki / nodo no itami / kikanshien / ryūkan

Heuschnupfen / Migräne / Ohrenschmerzen / Sonnenbrand
Hanakataru / hentōtsū / mimi no itami / hiyake

Magenverstimmung / Durchfall / Verstopfung
I no fukaikan / geri / benpi

Versuchen Sie es einmal mit diesen Tropfen.
Ichi-do kono tekiyaku o tameshite mite kudasai.

Nehmen Sie diese Tabletten bitte vor den Mahlzeiten.
Kono jōzai o shokuzen ni nonde kudasai.

Reiben Sie die Salbe zweimal täglich ein.
Ichinichi ni ni-kai kono nankō o nutte kudasai.

Sie sollten zum Arzt gehen.
O-isha-san ni itta hō ga ii des^u^ yo.

Beim Arzt
O-isha-san de

Notruf:
119 Feuer und Ambulanz
110 Polizei
212-2323 Vermittlung von Notfallkrankenhäusern in der Nähe (Tokio)

Können Sie mir einen Arzt empfehlen?
O-isha-san o shōkai shite kudasai masen ka?

Spezialist/in / Chirurg/in / Frauenarzt/-ärztin / Zahnarzt/-ärztin
Senmon-i / geka-i / sanfujinka-i / shika-i

Praxis Doktor Okamoto.
Okamoto i-in.

Ich hätte gern einen Termin.
Shinsatsu o mōshikomitai no des^u^ ga…

Es ist ein Notfall.
Kinkyū no baai des^u^.

Waren Sie schon einmal bei uns?
Tōin ni raiin sareta koto ga arimasu ka?

Bitte nehmen Sie im Wartezimmer Platz.
Dōzo machiai-shitsu de o-machi kudasai.

Der Nächste, bitte.
Tsugi no kata dōzo.

Guten Tag. Was kann ich für Sie tun?
Konnichi wa. Dō shimashìta ka ?

Ich habe einen Ausschlag / eine Schwellung / Flecken.
Fukidemono / hare / sh^{i}mi ga dekimash^{i} ta.

Ich habe eine Muskelzerrung / meinen Knöchel verstaucht.
Nikubanare ga shimas^{u}. / Kurubushi o nenza sh^{i}mash^{i}ta.

Ich habe mich geschnitten / verbrannt / verbrüht.
Watashi wa kitte / yakedo o shite / nettō de yakedo o shite sh^{i}mai-mash^{i}ta.

Ich bin gestochen / gebissen worden.
Sasarete / kamarete shimai mashìta.

Mir ist übel / schwindlig.
Kibun ga warui des^{u}. / Memai ga suru.

Ich habe Fieber.
Netsu ga arimas^{u}.

Ich muss mich ständig übergeben.
Watashi wa hikkirinashi ni hakazu ni iraremasen.

Ich kann nicht richtig durchatmen / sehen.
Tadashìku shinkokyū dekimasen. / Hakkiri miru koto ga dekimasen.

Ich kann mich nicht richtig bücken. / Ich kann nichts heben.
Tadash^{i}ku mi o kagameru koto ga dekimasen. / Nani mo mochia-geru koto ga dekimasen.

Es schmerzt / juckt.
Itai des^{u} / kayui des^{u}.

Es ist wund / entzündet / geprellt / steif.
Surimuite / enshō o okoshite / zashō shite / kōchoku shite imas^{u}.

Haben Sie Fieber?
Netsu ga arimas^{u} ka?

Wo haben Sie Schmerzen?
Doko ga itai des^{u} ka?

Dann wollen wir uns das einmal genauer ansehen.
Jā ichido yoku mitemimashō.

Wie ist der Schmerz?
Dono yō ni itai desu ka?

ein scharfer / pochender / dumpfer Schmerz
sasuyō na itami / zukin zukin to itamu / donts^{u}

Haben Sie das schon einmal gehabt?
Imamade ni mo arimash^{i}ta ka?

Wie lange haben Sie das schon?
Itsu kara des^{u} ka?

Was haben Sie bisher dagegen gemacht?
Imamade soreni dono yō ni taisho shite imash^{i}ta ka?

Wir machen besser eine Röntgenaufnahme / einen Ultraschall.
Nen no tame rentogen / chōonpa o torimas^{u}.

Sie müssen operiert werden.
Shujutsu o sh^{i}nakereba narimasen.

Sie müssen ins Krankenhaus.
Anata wa byōin de mite morawaneba narimasen.

Sie brauchen Bettruhe.
Ansei ni shinakereba narimasen.

Beim Zahnarzt
Haisha de

abgebrochen	kakeru
Abszess	nōyō
ausgefallen	nukeru
beißen	kamu
bohren	ana o akeru
Brücke	hashi gishi, burijji
Füllung, Plombe	tsumemono
provisorische Füllung	kari no jūtenzai
Gebiss, Prothese	haretsu, ireba, purotēze
gebrochen	wareru
gesplittert	wareru
Kiefer	ago
Krone	jinkō shikan
Loch	ana
locker	guragura suru
Spritze	chūsha
spülen	susugu
Weisheitszahn	oyashirazu, chishi
Wurzel	shìkon
Zahn	ha
einen Zahn ziehen	ha o nuku
Zahnfleisch	haguki
Zahnschmerz	haita

Beim Optiker
Megane-ya de

Aufbewahrungsflüssigkeit	hozon eki
Behälter	yōki
Brille / Sonnenbrille	megane / san gurasu
Etui	kēsu
Gestell	furēmu
Glas	renzu
Kontaktlinsen (hart / weich)	kontakuto renzu (hādo / sofuto)
kurzsichtig	kinshi
Linse	renzu
Reinigungsflüssigkeit	senjō-eki
Schraube	neji
weitsichtig	enshi

Schlagwortregister